DCG 6

FINANCE D'ENTREPRISE

FICHES DE RÉVISION

Florence Delahaye-Duprat
Agrégée d'économie et gestion, diplômée d'expertise comptable
Enseignante à l'IUT de Nantes

Jacqueline Delahaye
Agrégée de techniques économiques de gestion

Nathalie Le Gallo
Agrégée d'économie et gestion option finance
Professeur en IUT GEA, DCG, DSCG et master CCA

DUNOD
leader de l'expertise comptable

Maquette de couvertures :
Hokus Pokus

Maquette intérieure :
Yves Tremblay

11 rue Paul Bert, 92240 Malakoff
www.dunod.com
ISBN 978-2-10-080085-8

Sommaire

Avant-propos

Bienvenue dans l'univers des fiches de révision Expert Sup !

Retrouvez l'essentiel du programme en **cinq mots-clés**.

1 MOBILES

Les fiches sont détachables ! Elles permettent donc de réviser en toutes circonstances pour des usages variés : glissées dans le manuel, en complément du cours, à emporter partout pour optimiser votre temps (dans les transports, entre deux cours…), etc.

#Détachable #Pratique #Utile #Nomade

2 SIMPLES

La structure des fiches est basique et claire. Chaque fiche comporte des titres et rubriques aisément repérables, des mots-clés, des notions essentielles surlignées.

#Clair #Concis #Efficace #PrêtÀRéviser

3 VISUELLES

Les fiches détachables Dunod reprennent l'essentiel du cours comme vous auriez pu le faire. Les informations les plus importantes ont été sélectionnées et mises en avant dans les rubriques ou surlignées dans le texte.

Des schémas, tableaux et autres synthèses facilitent la mémorisation du cours.

#Synthétique #Visuel #Structuré

4 ERGONOMIQUES

La navigation d'une fiche à l'autre est aisée : les nombreux renvois vous guident et vous permettent de progresser à votre rythme tout en liant les notions du programme. La lecture n'est donc pas nécessairement linéaire.

#Souple #Complémentaire

5 FIDÈLES AU PROGRAMME

100 % conformes au nouveau programme applicable dès la rentrée 2019 (session d'examens 2020), les fiches couvrent toutes les notions incontournables. À la fin de chaque fiche, la rubrique « Le + de l'expert » vous offre de précieux conseils pour faire la différence lors de l'épreuve.

#Fiable #RéussiteAssurée

Table des sigles et abréviations

ACE : actif circulant d'exploitation
Amort. (ou A) : amortissement
Appro. : approvisionnements
BFR : besoin en fonds de roulement
CAF : capacité d'autofinancement
CMPC : coût moyen pondéré du capital
CP : capitaux propres
CS : coefficient de structure
CT : court terme
Dépréc. (ou D) : dépréciation
EBE : excédent brut d'exploitation
ECA : écart de conversion actif
EENE : effets escomptés et non échus
ETE : excédent de trésorerie d'exploitation
FRNG : fonds de roulement net global
IP : indice de profitabilité
IR : impôt sur le revenu
IS : impôt sur les sociétés
LT : long terme
MP : matières premières
OEC : Ordre des experts-comptables
PCEA : produit de cession d'éléments d'actif
PF : produit fini
QP : quote-part
RE : résultat d'exploitation
SIG : solde intermédiaire de gestion
TCN : titre de créance négociable
TE : temps d'écoulement
TRI : taux de rentabilité interne
VA : valeur ajoutée
VAN : valeur actuelle nette
VCEAC : valeur comptable des éléments d'actif cédés
VMP : valeur mobilière de placement

1 La démarche de diagnostic

Mots-clés

Diagnostic financier • Normes sectorielles

Définition

Le **diagnostic financier** permet de porter un jugement sur les forces et faiblesses d'une entreprise.

Basé sur l'étude des documents de synthèse (bilan, compte de résultat et annexe), le diagnostic financier (ou analyse financière) est habituellement réalisé sur une période de trois à quatre ans.

Présentation du diagnostic financier

Le diagnostic financier est...	Précisions
... une démarche d'analyse structurée	• Analyse de l'activité de l'entreprise (à partir du compte de résultat) • Examen de l'équilibre de son bilan • Étude de ses flux de trésorerie (origine de l'augmentation ou de la diminution de la trésorerie)
... un outil d'aide à la décision	• Pour le dirigeant, dont le but est d'assurer la rentabilité (résultat/capitaux investis), la liquidité (capacité à assumer ses dettes à court terme) et la solvabilité de son entreprise (capacité à assumer ses dettes à long terme) • Pour les investisseurs (actionnaires et prêteurs)

Informations nécessaires à la réalisation d'un diagnostic financier

Le diagnostic financier nécessite...	Précisions
... des informations comptables (phase calculatoire)	Les comptes annuels (ou documents de synthèse) constituent la source d'information la plus fiable pour élaborer un diagnostic financier Ces informations ne sont toutefois pas suffisantes pour interpréter les résultats et être en mesure de conseiller le dirigeant
... des informations extra-comptables (phase d'interprétation des résultats)	• Informations internes à l'entreprise (stratégie mise en œuvre, climat social, état de l'appareil de production, etc.) • Informations externes à l'entreprise (avenir du secteur d'activité, environnement économique, information sur les principaux concurrents, statistiques sur le secteur d'activité de l'entreprise, etc.)

Caractère multidimensionnel du diagnostic financier

Le diagnostic financier nécessite…	Précisions
… des comparaisons dans le temps (dimension pluriannuelle)	Un diagnostic financier ne sera pertinent qu'à la condition que l'analyste financier effectue des comparaisons dans le temps, ce qui exige de disposer d'informations sur plusieurs années
… des comparaisons dans l'espace (dimension spatiale)	La comparaison à des normes sectorielles s'impose également (moyennes du secteur d'activité) Dans certains cas, la comparaison aux concurrents directs pourra avoir plus de sens (activité très spécifique notamment)

▶ **Exemple**

On vous communique les données suivantes concernant la pharmacie Lambda :

	Exercice N	Exercice N–1	Exercice N–2
Taux de marge commerciale de la pharmacie Lambda	30 %	29,5 %	29 %
Taux de marge commerciale du secteur de la pharmacie	32 %	31 %	30 %

Le taux de marge commerciale de la pharmacie Lambda est en progression depuis trois ans, ce qui semble positif.

Cependant, on constate que le taux de marge commerciale des pharmacies est en moyenne supérieur à celui de la pharmacie Lambda et que cet écart s'accroît (+ 2 points en N contre + 1 point en N–2). Il faudrait donc s'interroger sur la raison de cet écart. ◀

LE + DE L'EXPERT

Un diagnostic financier est toujours multidimensionnel : il associe analyse de l'activité, examen de l'équilibre du bilan et étude des flux de trésorerie.

2 Les soldes intermédiaires de gestion (SIG)

Mots-clés

Excédent brut d'exploitation • Marge commerciale • Production de l'exercice • SIG • Valeur ajoutée

1 Les soldes intermédiaires de gestion (SIG)

Définition

Les soldes intermédiaires de gestion (SIG) permettent d'analyser finement la formation du résultat de l'entreprise.

Les SIG se calculent à partir du compte de résultat :

- en partant du chiffre d'affaires HT (ventes de l'entreprise) ;
- et en dissociant les activités commerciales des activités industrielles et/ou de services (la marge commerciale et la production de l'exercice sont calculées séparément).

Présentation du tableau des SIG

SIG	Interprétation et commentaires
Ventes de marchandises – Coût d'achat des marchandises vendues (Achats de marchandises + Δ Stocks de marchandises) = **Marge commerciale**	Indicateur de performance commerciale de l'entreprise Permet de calculer le taux de marge commerciale Ne concerne que les entreprises commerciales (achat/revente de marchandises)
Production vendue + Production stockée + Production immobilisée = **Production de l'exercice**	Indicateur de production Ne concerne que les entreprises industrielles (transformation de matières premières en produits finis) et de services
Marge commerciale + Production de l'exercice – Consommations en provenance des tiers (Achats de MP… + Δ Stocks de MP… + Autres achats et charges externes) = **Valeur ajoutée** (VA)	Mesure la richesse créée par l'entreprise Répartition de la VA entre plusieurs bénéficiaires : • le personnel (charges de personnel + participation) ; • les prêteurs (charges d'intérêts) ; • l'État (impôts, taxes et versements assimilés + impôts sur les bénéfices) ; • l'entreprise et ses associés (pour le reste).
+ Subvention d'exploitation – Impôts, taxes et versements assimilés – Charges de personnel (Salaires et traitements + Charges sociales) = **Excédent brut d'exploitation** (EBE)	Indicateur de la performance commerciale et industrielle de l'entreprise Marge dégagée par le cœur de métier avant amortissements, dépréciations et provisions

SIG		Interprétation et commentaires
+	Reprises sur amortissements, dépréciations et provisions	
+	Autres produits (d'exploitation)	
–	Dotations aux amortissements, dépréciations et provisions	
–	Autres charges (d'exploitation)	
=	Résultat d'exploitation	Vérification : Résultat d'exploitation = ∑ Produits d'exploitation – ∑ Charges d'exploitation
+	Produits financiers	
–	Charges financières	
=	Résultat courant avant impôts	
+	Résultat exceptionnel	Résultat exceptionnel = ∑ Produits exceptionnels – ∑ Charges exceptionnelles
–	Participation des salariés	
–	Impôt sur les bénéfices	
=	**Résultat de l'exercice**	Vérification : doit correspondre au résultat qui s'affiche en bas du compte de résultat

▶ Exemple

On vous communique le compte de résultat suivant :

Compte de résultat de l'exercice N (en k€)

Charges	N	Produits	N
Charges d'exploitation		**Produits d'exploitation**	
Achats de marchandises	2 710	Ventes de marchandises	6 450
Variation stock de marchandises	– 50	Production vendue	1 840
Achats stockés de matières premières et approvisionnements	400	**Montant net du chiffre d'affaires**	**8 290**
Variation des stocks de matières premières	40	Production stockée	110
Autres achats et charges externes	970	Production immobilisée	0
Impôts, taxes et versements assimilés	115	Subventions d'exploitation	320
Charges de personnel	2 885		
Dotations aux amortissements, dépréciations et provisions	990	Reprises sur amortissements, dépréciations et provisions	230
Autres charges	20	Autres produits	10
Total	**8 080**	**Total**	**8 960**
Charges financières		**Produits financiers**	
Dotations aux amortissements, dépréciations et provisions	60	De participation et autres	0
Intérêts et charges assimilées	280	Autres intérêts	45
Différences négatives de change	0	Reprises sur dépréciations et provisions	85
Charges nettes sur cessions de VMP	0	Différences positives de change	0

Charges	N	Produits	N
		Produits nets sur cessions de VMP	0
Total	**340**	**Total**	**130**
Charges exceptionnelles		**Produits exceptionnels**	
Sur opérations de gestion	25	Sur opérations de gestion	10
Sur opérations en capital	105	Sur opérations en capital	150
Dotations aux amortissements, dépréciations et provisions	0	Reprises sur dépréciations et provisions	30
Total	**130**	**Total**	**190**
Participation des salariés aux résultats	20		
Impôts sur les bénéfices	230		
Solde créditeur = **bénéfice**	480		
Total général	**9280**	**Total général**	**9280**

On constate que la société a à la fois une activité commerciale et une activité industrielle (ou de services).

	SIG	N
	Ventes de marchandises	6450
–	Coût d'achat des marchandises vendues (2710 – 50)	– 2 660
=	Marge commerciale	3790
	Production vendue	1840
+	Production stockée	110
+	Production immobilisée	0
=	Production de l'exercice	1950
	Marge commerciale + Production de l'exercice	5740
–	Consommations en provenance des tiers (400 + 40 + 970)	– 1410
=	Valeur ajoutée (VA)	4330
+	Subvention d'exploitation	320
–	Impôts, taxes et versements assimilés	– 115
–	Charges de personnel	– 2885
=	Excédent brut d'exploitation (EBE)	1650
+	Reprises sur amortissements, dépréciations et provisions	230
+	Autres produits (d'exploitation)	10
–	Dotations aux amortissements, dépréciations et provisions	– 990
–	Autres charges (d'exploitation)	– 20
=	Résultat d'exploitation	880
+	Produits financiers	130
–	Charges financières	– 340
=	Résultat courant avant impôts	670
+	Résultat exceptionnel (190 – 130)	60
–	Participation des salariés	– 20
–	Impôt sur les bénéfices	– 230
=	Résultat de l'exercice	480

2 Les SIG retraités

Définition

Les SIG retraités permettent de rendre comparables les comptes de résultat d'entreprises ayant fait des choix de gestion différents.

Redevance de crédit-bail (CB) (compte 612)	À exclure des « Autres achats et charges externes » car on suppose une acquisition d'immobilisation financée par l'emprunt. La redevance est donc éclatée en deux fractions : • Dotation aux amortissements : $\text{Dotation CB} = \dfrac{\text{Valeur du bien}}{\text{Durée d'amortissement}}$ • Charges d'intérêts pour le reste (Redevance – Dotation CB)
Personnel extérieur à l'entreprise (compte 621)	À exclure des « Autres achats et charges externes » À rattacher aux charges de personnel
Participation des salariés aux résultats (compte 691)	À rattacher aux charges de personnel

▶ **Exemple**

On vous communique les données suivantes :

- Marge commerciale = 379 000 € ; production de l'exercice = 195 000 €
- Achats de matières premières = 48 000 € ; variation des stocks de matières premières = – 4 000 €
- Autres achats et charges externes = 97 000 € dont 6 400 € de personnel intérimaire.

VA = 379 000 + 195 000 – (48 000 – 4 000 + 97 000) = 433 000 €

VA en retraitant le personnel intérimaire = 433 000 – 6 400 = 426 600 €

Il faudra augmenter les charges de personnel de 6 400 € pour calculer l'EBE retraité. ◀

LE + DE L'EXPERT

Vous pouvez vérifier vos calculs dès l'**excédent brut d'exploitation** (EBE) en utilisant la formule suivante :

EBE = ∑ Produits d'exploitation *sauf* Reprises et autres produits (d'exploitation)
– ∑ Charges d'exploitation *sauf* Dotations et autres charges (d'exploitation)

3 La capacité d'autofinancement (CAF)

Mots-clés

Autofinancement • Capacité d'autofinancement • Dotation aux amortissements, dépréciations et provisions • Produit des cessions d'éléments d'actif • Reprise sur amortissements, dépréciations et provisions

1 La capacité d'autofinancement (CAF)

Définition

La **capacité d'autofinancement** (CAF) est la trésorerie potentielle dégagée par l'activité courante de l'entreprise au cours d'un exercice.

Calculée à partir du compte de résultat, la CAF ne tient compte :

- ni du financement des nouveaux stocks (le compte de résultat ne tient compte que des achats de marchandises revendues et des achats de matières consommées) ;
- ni des nouveaux décalages de paiement (les produits et charges comptabilisés ne sont pas forcément tous encaissés/décaissés au cours de l'exercice) ;
- ni des **produits des cessions d'éléments d'actif** (PCEA) car ils ne relèvent pas de l'activité courante.

A. Le calcul de la CAF à partir du résultat de l'exercice (le plus rapide)

CAF	=	Résultat de l'exercice	⇒	CAF	=	Résultat de l'exercice
	+	Charges calculées (jamais décaissées)			+	DADP + VCEAC
	–	Produits calculés (jamais encaissés)			–	RADP – QP des SI
	–	PCEA (≠ activité courante)			–	PCEA

B. Le calcul de la CAF à partir de l'excédent brut d'exploitation (EBE)

CAF	=	Produits encaissables (sauf PCEA) (encaissés au cours de l'exercice ou du suivant)	–	Charges décaissables (décaissées au cours de l'exercice ou du suivant)

L'EBE n'est constitué que de produits encaissables et de charges décaissables.

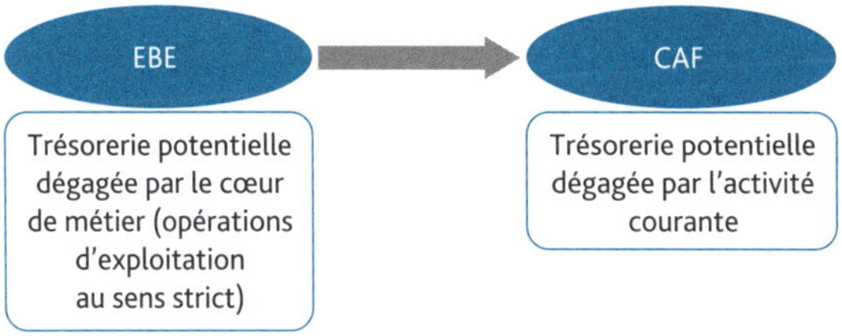

Passage de l'EBE à la CAF

CAF	=	EBE	+	Autres produits d'exploitation encaissables	–	Autres charges d'exploitation décaissables
				(Transferts de charges + Autres produits)		(Autres charges)
			±	QP de résultat sur opérations faites en commun		
			+	Produits financiers encaissables	–	Charges financières décaissables
				(∑ Produits financiers sauf RDP)		(∑ Charges financières sauf DADP)
			+	Produits exceptionnels encaissables (sauf PCEA)	–	Charges exceptionnelles décaissables
				(∑ Produits exceptionnels sauf RDP, QP de SI et PCEA)		(∑ Charges exceptionnelles sauf DADP et VCEAC)
			–	Participation des salariés		
			–	Impôts sur les bénéfices		

▶ Exemple

On vous communique le compte de résultat suivant :

Compte de résultat de l'exercice N (en k€)

Charges	N	Produits	N
Charges d'exploitation		**Produits d'exploitation**	
Achats de marchandises	2 710	Ventes de marchandises	6 450
Variation stock de marchandises	– 50	Production vendue	1 840
Achats stockés de matières premières et approvisionnements	400	**Montant net du chiffre d'affaires**	**8 290**
Variation des stocks de matières premières	40	Production stockée	110
Autres achats et charges externes	970	Production immobilisée	0
Impôts, taxes et versements assimilés	115	Subventions d'exploitation	320
Charges de personnel	2 885		
Dotations aux amortissements, dépréciations et provisions	990	Reprises sur amortissements, dépréciations et provisions	230
Autres charges	20	Autres produits	10
Total	**8 080**	**Total**	**8 960**
Charges financières		**Produits financiers**	
Dotations aux amortissements, dépréciations et provisions	60	De participation et autres	0
Intérêts et charges assimilées	280	Autres intérêts	45
Différences négatives de change	0	Reprises sur dépréciations et provisions	85
Charges nettes sur cessions de VMP	0	Différences positives de change	0
		Produits nets sur cessions de VMP	0
Total	**340**	**Total**	**130**
Charges exceptionnelles		**Produits exceptionnels**	
Sur opérations de gestion	25	Sur opérations de gestion	10
Sur opérations en capital	105	Sur opérations en capital	150

Charges	N	Produits	N
Dotations aux amortissements, dépréciations et provisions	0	Reprises sur dépréciations et provisions	30
Total	**130**	**Total**	**190**
Participation des salariés aux résultats	20		
Impôts sur les bénéfices	230		
Solde créditeur = **bénéfice**	480		
Total général	**9 280**	**Total général**	**9 280**

– Calcul de la CAF à partir du résultat de l'exercice

	Résultat de l'exercice	480
+	Dotations (990 + 60)	1 050
+	VCEAC	105
–	Reprises (230 + 85 + 30)	– 345
–	Produits de cession	– 150
=	**CAF**	**1 140 k€**

– Calcul de la CAF à partir de l'EBE

L'EBE peut être calculé directement à partir du total des produits d'exploitation et des charges d'exploitation.

EBE = (8 960 – 230 – 10) – (8 080 – 990 – 20)

EBE = **1 650**

	Excédent brut d'exploitation	1 650
+	Autres produits d'exploitation encaissables	10
–	Autres charges d'exploitation décaissables	– 20
+	Produits financiers encaissables	45
–	Charges financières décaissables	– 280
+	Produits exceptionnels encaissables	10
–	Charges exceptionnelles décaissables	– 25
–	Participation des salariés	– 20
–	Impôts sur les bénéfices	– 230
=	**CAF**	**1 140 k€**

2 La CAF retraitée

Si les redevances de crédit-bail (CB) sont retraitées (↪ fiche 2), la CAF retraitée se calcule de la façon suivante :

CAF retraitée = CAF (PCG) + Dotations CB

▶ Exemple (suite)

Les autres achats et charges externes de l'exercice N comprennent une redevance de crédit-bail pour 82 k€. Elle correspond à un matériel d'une valeur de 230 k€ amortissable en linéaire sur 5 ans.

- Calculs préalables

La redevance de crédit-bail est décomposée en :
– Dotation aux amortissements = 230 / 5 = 46
– Charges financières = Redevance – Dotation = 82 – 46 = 36

- Calcul de la CAF retraitée

CAF retraitée = 1140 (CAF du PCG) + 46 = **1 186 k€.** ◀

3 La CAF et l'autofinancement

Définition

L'**autofinancement** est la part de la CAF qui revient à 100 % à l'entreprise.

Autofinancement = CAF – Dividendes distribués au cours de l'exercice

La CAF constitue une ressource stable de première importance pour l'entreprise.

Utilisations de la CAF

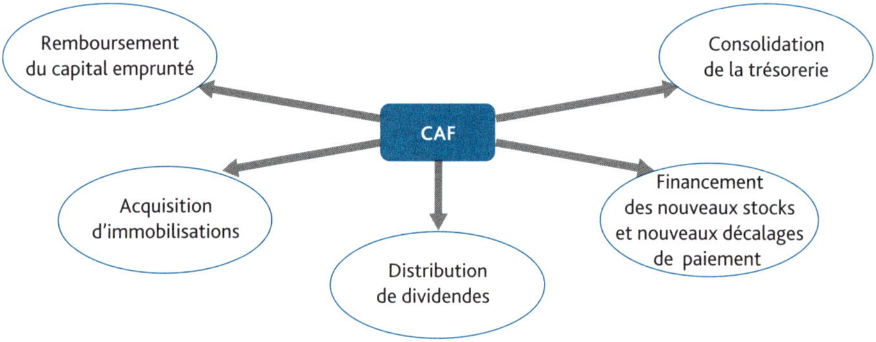

LE + DE L'EXPERT

- Les valeurs comptables des éléments d'actif cédés (VCEAC) font partie des charges exceptionnelles sur opérations en capital (compte 675).
- La quote-part des subventions d'investissement virée au résultat de l'exercice (quote-part de subvention d'investissement) et les produits des cessions d'éléments d'actif (PCEA) font partie des produits exceptionnels sur opérations en capital (comptes 777 et 775).

4 Le bilan fonctionnel

Mots-clés

Bilan fonctionnel • Retraitement des EENE • Retraitement du crédit-bail

1 Le bilan fonctionnel

Définition

Le **bilan fonctionnel** est un bilan reflétant les trois grandes fonctions de l'entreprise : fonction d'investissement, fonction de financement et fonction d'exploitation (au sens large, c'est-à-dire relevant d'un horizon de court terme).

Structure du bilan fonctionnel

ACTIF	PASSIF
Emplois stables Investissement (horizon LT)	**Ressources stables** Financement (horizon LT)
Actif circulant Actif circulant d'exploitation Actif circulant hors exploitation Trésorerie active	**Dettes circulantes** Dettes circulantes d'exploitation Dettes circulantes hors exploitation Trésorerie passive
Exploitation (horizon CT)	
Total	**Total**

Il s'agit de reprendre tous les postes du bilan comptable en les reclassant en fonction du cycle auquel ils se rattachent (investissement, financement ou exploitation au sens large).

Ainsi, les intérêts courus (sur immobilisations financières ou sur emprunts) et les CBC et soldes créditeurs de banque relèvent d'un horizon de court terme et sont donc reclassés dans le bas du bilan fonctionnel.

- Les postes de l'actif sont considérés pour leur montant brut. Les amortissements et dépréciations sont transférés dans les ressources stables (cumul des charges calculées déduites des capitaux propres mais pas de la trésorerie).
- Les dettes et créances en devises sont considérées pour leur montant d'origine. En présence d'écarts de conversion (perte ou gain de change potentiel), il convient de reconstituer la valeur d'origine.

Présentation du tableau de bilan fonctionnel

Bilan fonctionnel au 31 décembre N	
Actif	Passif
Emplois stables • Immobilisations brutes SAUF intérêts courus sur immobilisations financières	**Ressources stables** • Capitaux propres = Total 1 du passif – Capital souscrit non appelé (actif) – Charges à répartir sur plusieurs exercices (actif) • Amortissements et dépréciations = Colonne 2 de l'actif • Provisions • Dettes financières = Total des emprunts – Intérêts courus sur emprunts – CBC et soldes créditeurs de banques – Primes de remboursement des obligations (actif)
Actif circulant d'exploitation (ACE) • Stocks • Avances et acomptes versés • Créances clients • Autres créances d'exploitation • Charges constatées d'avance	**Dettes circulantes d'exploitation (DCE)** • Avances et acomptes reçus • Dettes fournisseurs • Dettes fiscales et sociales SAUF dettes d'IS • Autres dettes d'exploitation • Produits constatés d'avance
Actif circulant hors exploitation (ACHE) • Autres créances hors exploitation • Intérêts courus sur immobilisations financières • Capital souscrit, appelé, non versé • VMP (sauf précision contraire dans l'énoncé)	**Dettes circulantes hors exploitation (DCHE)** • Autres dettes hors exploitation • Dettes sur immobilisations • Dettes d'IS • Intérêts courus sur emprunts
Trésorerie active Disponibilités	**Trésorerie passive** CBC et soldes créditeurs de banques
Total	**Total**

Reconstitution du montant d'origine des dettes et créances étrangères

Les écarts de conversion Actif (ECA) et les écarts de conversion Passif (ECP) concernent…

… un poste d'actif (prêts, créances, etc.)

Montant d'origine du poste d'actif = Montant Brut + ECA – ECP

… un poste de passif (emprunts, dettes, etc.)

Montant d'origine du poste de passif = Montant Brut + ECP – ECA

- Les valeurs mobilières de placement (VMP) sont parfois assimilées à de la trésorerie si elles peuvent être revendues rapidement et sans risque de perte (on dit alors qu'elles sont liquides).

2 Les retraitements du bilan fonctionnel

Les analystes financiers effectuent des **retraitements extra-comptables** (ou hors bilan) afin de comparer de façon objective des entreprises ayant fait des choix de gestion différents.

Le bilan fonctionnel reste équilibré (total de l'actif = total du passif).

A. Le retraitement du crédit-bail

Le **retraitement du crédit-bail** revient à supposer que l'entreprise est propriétaire du bien concerné et que l'acquisition a été financée par un emprunt.

Retraitement du crédit-bail

	À l'actif	Au passif
À la signature du contrat	La valeur brute de l'immobilisation est rajoutée à l'actif immobilisé brut.	Le même montant est rajouté aux dettes financières.
En cours de contrat	La valeur brute de l'immobilisation est rajoutée à l'actif immobilisé brut.	• L'immobilisation est amortie en linéaire sur la durée du contrat ; l'amortissement correspondant vient augmenter les ressources stables. • La dette financière crédit-bail diminue en supposant un remboursement par fractions égales sur la durée du contrat.
	↗ Emplois stables = ↗ Ressources stables	

B. Le retraitement des EENE

Le **retraitement des effets escomptés et non échus** (EENE) revient à supposer que l'entreprise a fait appel aux CBC et soldes créditeurs de banque plutôt qu'à l'escompte des effets de commerce pour se financer sur un horizon de court terme.

Retraitement des EENE

	À l'actif	Au passif
Retraitement	Les EENE sont ajoutées aux créances clients.	Les EENE sont ajoutés aux CBC et soldes créditeurs de banque.
	↗ Actif circulant d'exploitation = ↗ Trésorerie passive	

LE + DE L'EXPERT

L'établissement du bilan fonctionnel permet d'analyser plus facilement l'équilibre financier d'une entreprise (↪ fiche 5).

5 L'analyse fonctionnelle du bilan

Mots-clés

Besoin en fonds de roulement • Bilan fonctionnel • Équilibre financier • Fonds de roulement net global • Trésorerie nette

L'analyse du **bilan fonctionnel** permet de porter un jugement sur l'équilibre financier de l'entreprise. L'**équilibre financier** s'apprécie d'abord à partir du haut du bilan fonctionnel (horizon de long terme).

1 Le fonds de roulement net global (FRNG)

Définition

Le **fonds de roulement net global** (FRNG) est l'excédent des ressources stables après financement des emplois stables.

FRNG = Ressources stables – Emplois stables

Interprétation du FRNG

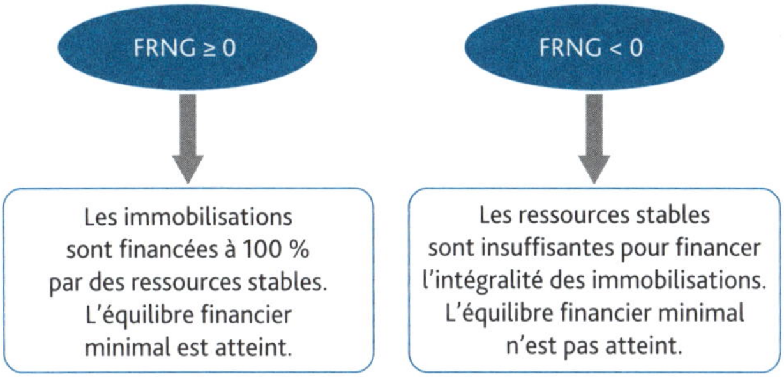

2 Le besoin en fonds de roulement (BFR)

Définition

Le **besoin en fonds de roulement** (BFR) est le besoin de financement issu du cycle d'exploitation (financement des stocks et décalages de paiement sur un horizon de court terme).

Le BFR se décompose en BFR d'exploitation (BFRE = besoin de financement découlant du cœur de métier) et BFR hors exploitation (BFRHE = besoin de financement liés aux autres opérations à court terme).

BFR = BFRE + BFRHE
= (ACE – DCE) + (ACHE – DCHE)

Interprétation du BFR

BFR ≥ 0 → Le cycle d'exploitation (au sens large) engendre un besoin de financement.

BFR < 0 → Le cycle d'exploitation (au sens large) génère des ressources de financement.

3 La trésorerie nette (T)

Définition

La **trésorerie nette** (T) est la trésorerie disponible une fois les immobilisations et le cycle d'exploitation financés.

T = FRNG – BFR

ou

T = Trésorerie active – Trésorerie passive

Interprétation de la trésorerie

T ≥ 0 → Les ressources de l'entreprise sont suffisantes pour financer les immobilisations et le cycle d'exploitation.
L'équilibre financier est respecté.

T < 0 → L'entreprise a manqué de ressources pour assurer le financement des immobilisations et du cycle d'exploitation.
L'équilibre financier n'est pas atteint.
L'entreprise a recours aux CBC et soldes créditeurs de banque ou à l'escompte.

▶ **Exemple**

La société Nalib vous communique son dernier bilan (montants en k€) ainsi que des informations complémentaires :

ACTIF	Brut	A & D	Net	PASSIF	N
Immobilisations incorporelles				Capital	6 500
Frais d'établissement	110	90	20	Primes d'émission	0
Fonds commercial			0	Réserves	2 650
Immobilisations corporelles				Report à nouveau	20
Terrains	400	0	400	Résultat de l'exercice	1 830
Constructions	19 000	11 100	7 900	Subventions d'investissement	0

ACTIF	Brut	A & D	Net	PASSIF	N
Installations techniques	8 100	4 300	3 800	Provisions réglementées	0
Immobilisations financières				**Total I**	**11 000**
Participations			0	Provisions pour risques	70
Autres titres immobilisés	320	100	220	Provisions pour charges	80
Prêts	360	0	360	**Total II**	**150**
Total I	**28 290**	**15 590**	**12 700**	Emprunts et dettes auprès des EC	7 020
Stocks de marchandises	2 600	250	2 350	Emprunts et dettes financières divers	690
Créances clients	8 560	610	7 950	Dettes fournisseurs	3 610
Autres créances			0	Dettes fiscales et sociales	940
VMP	400	0	400	Dettes sur immobilisations	60
Disponibilités	100	0	100	Autres dettes	70
Charges constatées d'avance	50	0	50	Produits constatés d'avance	30
Total II	**11 710**	**860**	**10 850**	**Total III**	**12 420**
Écarts de conversion	20	0	20	Écarts de conversion	0
Total général	**40 020**	**16 450**	**23 590**	**Total général**	**23 590**

Informations complémentaires :

- *Dans le poste « Prêts », des intérêts courus sont inclus pour un montant de 10 k€.*
- *Les écarts de conversion-actif concernent le poste « Clients ».*
- *Les concours bancaires courants sont de 270 k€ à la fin de l'exercice.*
- *Les « Emprunts et dettes financières divers » comprennent des intérêts courus pour un montant de 220 k€.*
- *Les autres dettes relèvent du hors-exploitation.*

Calculs préalables

• Emplois stables

Total I de l'actif	28 290
– Intérêts courus des prêts	– 10
	28 280

• Actif circulant d'exploitation (ACE)

L'écart de conversion actif correspond à une perte de change latente ; le poste « Clients » a été diminué d'autant à la fin de l'exercice. Il faut rajouter l'écart (20) pour retrouver le montant initial du poste.

Stocks	2 600	
Créances clients	8 580	(8 560 + 20) ← 20 : Écart de conversion actif (ECA)
Charges constatées d'avance	50	
	11 230	

- **Actif circulant hors exploitation (ACHE)**

VMP	400
Intérêts courus sur prêts	10
	410

- **Trésorerie active (TA)**

Disponibilités	100

- **Ressources stables**

Total I du passif	11 000		
Provisions (passif)	150		
Amortissement et dépréciation de l'actif	16 450		
Dettes financières	7 220	(7 020 – 270 + 690 – 220)	
	34 820	CBC	Intérêts courus sur emprunts

- **Dettes circulantes d'exploitation (DCE)**

Dettes fournisseurs	3 610
Dettes fiscales et sociales	940
Produits constatés d'avance	30
	4 580

- **Dettes circulantes hors exploitation (DCHE)**

Dettes sur immobilisations	60
Autres dettes	70
Intérêts courus	220
	350

- **Trésorerie passive (TP)**

CBC	270

FRNG, BFR et T

FRNG = Ressources stables – Emplois stables = 34 820 – 28 280 = **6 540 k€**

BFRE = ACE – DCE = 11 230 – 4 580 = **6 650**
BFRHE = ACHE – DCHE = 410 – 350 = **60**
BFR = **6 710 k€**

Trésorerie nette = FRNG – BFR = 6 540 – 6 710 = **– 170 k€**
Vérification : T = TA – TP = 100 – 270 = **– 170 k€**

Commentaire

L'entreprise dispose d'un FRNG positif : la totalité des emplois stables est donc financée par des ressources durables. Le FRNG finance l'essentiel du BFR ; toutefois, son montant étant inférieur à celui du BFR, il en résulte une trésorerie nette négative. Une petite partie des actifs à court terme (hors disponibilités) est financée par des concours bancaires courants.

L'équilibre financier est donc assuré sur un horizon de long terme mais pas sur un horizon de court terme. L'entreprise doit surveiller l'évolution du BFRE et, si nécessaire, augmenter son FRNG pour éviter des problèmes de trésorerie dans le futur. ◀

LE + DE L'EXPERT

Le bilan fonctionnel doit toujours être équilibré (total de l'actif = total du passif). Le double calcul de la trésorerie nette (FRNG – BFR ou TA – TP) permet également de vérifier les calculs.

6 L'analyse par les ratios

Mots-clés

Ratio • Ratio de flux • Ratio de rotation • Ratio de stock

Le calcul de ratios permet d'effectuer des comparaisons dans le temps (pour une même entreprise) et dans l'espace (par rapport aux principaux concurrents ou par rapport à la moyenne du secteur d'activité).

Définitions

On appelle :
- **ratio** le rapport entre deux grandeurs ;
- **ratio de flux** un ratio calculé à partir du compte de résultat ;
- **ratio de stock** un ratio calculé à partir du bilan (stock : mesure d'une grandeur à un instant *t*).

1 Les ratios analysant l'activité et la profitabilité

Ces ratios de type flux/flux se calculent à partir du compte de résultat.

Le résultat s'exprime sous forme de pourcentage.

Ratios analysant l'activité et la profitabilité

Taux de variation du CAHT	$\dfrac{\text{CAHT}(\text{N}) - \text{CAHT}(\text{N}-1)}{\text{CAHT}(\text{N}-1)}$	Permet de suivre l'évolution du niveau d'activité (le taux de variation de la VA peut également être calculé)
Taux de marge commerciale	$\dfrac{\text{Marge commerciale}}{\text{Ventes de marchandises}}$	Mesure la performance commerciale de l'entreprise
Taux de profitabilité brute (ou taux de marge brute)	$\dfrac{\text{EBE}}{\text{CAHT}}$	EBE dégagé pour 100 € de CAHT
Taux de profitabilité (ou taux de marge bénéficiaire)	$\dfrac{\text{Résultat de l'exercice}}{\text{CAHT}}$	Résultat dégagé pour 100 € de CAHT
Poids de certaines charges	$\dfrac{\text{Charges d'intérêts}}{\text{CAHT ou EBE}}$	On peut aussi mesurer l'importance des charges de personnel ou des matières consommées
Partage de la valeur ajoutée	• $\dfrac{\text{Charges de personnel + Participation}}{\text{VA}}$ • $\dfrac{\text{Charges d'intérêts}}{\text{VA}}$ • $\dfrac{\text{Impôts et taxes + IS}}{\text{VA}}$	Permet de connaître le partage de la VA entre les différents bénéficiaires (État, salariés, prêteurs, etc.) et d'en suivre l'évolution

2 Les ratios analysant la structure financière

Ces ratios de type stock/stock se calculent à partir du bilan.

A. Les ratios analysant l'équilibre financier (à partir du bilan fonctionnel)

Les emplois stables et la composante stable du BFR doivent être financés par des ressources stables.

Ratios analysant l'équilibre financier

Degré de couverture des emplois stables	$\frac{\text{Ressources stables}}{\text{Emplois stables}}$	Ce ratio doit être > 1 pour que l'équilibre financier minimal soit respecté (FRNG > 0)
Degré de couverture du BFRE	$\frac{\text{FRNG}}{\text{BFRE}}$	Ce ratio doit être > 50 % pour garantir l'indépendance de l'entreprise en matière de financements à court terme (CBC et soldes créditeurs de banque, escompte)

B. Les ratios analysant l'endettement

Ratios analysant l'endettement

Ratio d'autonomie financière	$\frac{\text{Dettes financières}}{\text{Capitaux propres}}$	Ce ratio doit être < 1 (les banques acceptent généralement d'accorder des prêts à hauteur des capitaux propres) Capacité théorique d'endettement = Capitaux propres – Dettes financières
Capacité de remboursement	$\frac{\text{Dettes financières}}{\text{CAF}}$	Ce ratio doit être < 3 ou 4 selon le secteur d'activité (les banques estiment que le risque de non-remboursement est trop élevé lorsqu'il faut plus de 3 ou 4 années de CAF pour rembourser les dettes financières)

3 Les ratios de rotation

Les **ratios de rotation**, de type stock/flux, s'expriment en jours. Ils permettent une analyse fine des composantes du BFRE.

$$\text{Ratio de rotation (en jours)} = \frac{\text{Poste du BFRE}}{\text{Flux annuel correspondant}} \times 360$$

Ratios de rotation

Délai de rotation des stocks (= durée moyenne de stockage en jours)	$\frac{\text{Stock moyen de marchandises}}{\text{Coût d'achat des marchandises vendues}} \times 360$ $\frac{\text{Stock moyen de matières premières}}{\text{Coût d'achat des matières premières consommées}} \times 360$ $\frac{\text{Stock moyen de produits finis}}{\text{Coût de production des produits finis vendus}} \times 360$
Délai de rotation des créances clients (= durée moyenne du crédit clients)	$\frac{\text{Créances clients (TTC au bilan)} + \text{EENE}}{\text{CA TTC}} \times 360$
Délai de rotation des dettes fournisseurs (= durée moyenne du crédit fournisseurs)	$\frac{\text{Dettes fournisseurs (TTC au bilan)}}{\text{Achats TTC} + \text{Services extérieurs TTC}} \times 360$

▶ **Exemple**

La société Sylana vous communique les informations suivantes (TVA à 20 %) :

Bilan simplifié N (sommes en k€)

ACTIF	Brut	A & D	Net	PASSIF	N
Immobilisations incorporelles	220	120	100	Capital	2 540
Immobilisations corporelles	7 650	3 110	4 540	**Total I**	2 540
Immobilisations financières	322	47	275	Provisions pour risque et charges	70
Total I	**8 192**	**3 277**	**4 915**	**Total II**	**70**
Stocks de marchandises	210	30	180	Emprunts et dettes financières auprès des EC	2 226
Stocks de matières	30	10	20	Emprunts et dettes financières divers	164
Créances clients	375	30	345	Dettes fournisseurs	185
Autres créances	20	0	20	Dettes fiscales et sociales	126
VMP	40	5	35	Dettes sur immobilisations	5
Disponibilités	10	0	10	Autres dettes	274
Charges constatées d'avance	35	0	35	Produits constatés d'avance	0
Total II	**720**	**75**	**645**	**Total III**	**2 980**
Charges à répartir	30	0	30		
Total général	**8 942**	**3 352**	**5 590**	**Total général**	**5 590**

Compte de résultat, exercice N (sommes en k€)

Charges	N	Produits	N
Charges d'exploitation		**Produits d'exploitation**	
Achats de marchandises	700	Ventes de marchandises	3 490
Variation stock de marchandises	– 30	Production vendue	260
Achats stockés de matières premières et approvisionnements	100	**Montant net du chiffre d'affaires**	**3 750**
Variation des stocks de matières premières	10	Production stockée	50
Autres achats et charges externes	505	Production immobilisée	0
Impôts, taxes et versements assimilés	45	Subventions d'exploitation	140
Charges de personnel	1750		
Dotations aux amortissements, dépréciations et provisions	315	Reprises sur amortissements, dépréciations et provisions	35
Autres charges	25	Autres produits	15
Total	**3 420**	**Total**	**3 990**
Charges financières		**Produits financiers**	
Dotations aux amortissements, dépréciations et provisions	20	De participation et autres...	0

Charges	N	Produits	N
Intérêts et charges assimilées	245	Autres intérêts	25
		Produits nets sur cessions de VMP	40
Total	**265**	**Total**	**65**
Charges exceptionnelles		**Produits exceptionnels**	
Sur opérations de gestion	205	Sur opérations de gestion	10
Sur opérations en capital (VCEAC)	120	Sur opérations en capital (PCEA)	230
Total	**325**	**Total**	**240**
Participation des salariés aux résultats	15		
Impôts sur les bénéfices	75		
Solde créditeur = **bénéfice**	195		
Total général	**4 295**	**Total général**	**4 295**

– Stock de marchandises fin N–1 = 210 – 30 = 180 (on a stocké 30, courant N : variation des stocks de marchandises dans le compte de résultat)

– Durée moyenne de stockage des marchandises = $\frac{\frac{180 + 210}{2} \times 360}{700 - 30}$ = 104,78 jours

– Stock de matières fin N–1 = 30 + 10 = 40 (on a déstocké 10, courant N : variation des stocks de matières dans le compte de résultat)

– Durée moyenne de stockage des matières = $\frac{\frac{40 + 30}{2} \times 360}{100 + 10}$ = 114,55 jours

– Durée moyenne du crédit clients = $\frac{375 \times 360}{3\,750 \times 1{,}20}$ = 30 jours

– Durée moyenne du crédit fournisseurs = $\frac{185 \times 360}{(700 + 100 + 505) \times 1{,}20}$ = 42,53 jours ◄

LE + DE L'EXPERT

Pour le calcul des ratios de rotation, n'oubliez pas que :

• Stock moyen = (Stock fin N–1 + Stock fin N) / 2

• Coût d'achat des marchandises vendues (ou des matières consommées)
= Achats de marchandises (ou des matières)
+ Variation des stocks de marchandises (ou des matières)

• Coût de production des produits finis vendus = Coût de production des PF – Production stockée

7 L'analyse de la rentabilité

Mots-clés

Effet de levier financier • Rentabilité économique • Rentabilité financière

1 La rentabilité économique et la rentabilité financière

A. La rentabilité économique

Définition

La **rentabilité économique** (r_e) mesure la performance globale d'une entreprise.

Elle reflète la capacité de l'entreprise à rémunérer ses investisseurs (prêteurs et actionnaires). Elle présente un intérêt pour les prêteurs (banques en particulier) mais aussi pour les dirigeants (maximisation de la rentabilité économique).

$$r_e = \frac{\text{Résultat économique net d'IS}}{\text{Capitaux investis}}$$

Il n'existe pas de consensus concernant le mode de calcul du résultat économique et des capitaux investis :

- au numérateur, on retient un résultat avant prise en compte du coût de la dette : généralement le résultat d'exploitation net d'IS, parfois le résultat net d'IS hors intérêts de la dette financière (résultat net + charges d'intérêt nettes d'IS) ;
- au dénominateur, les capitaux investis sont généralement calculés de la façon suivante :

Capitaux investis = Capitaux propres (hors résultat de l'exercice) + Dettes financières

Le calcul de la rentabilité économique permet de comparer les entreprises d'un même secteur d'activité quelle que soit leur structure financière.

B. La rentabilité financière

Définition

La **rentabilité financière** (r_f) mesure la performance d'une entreprise après prise en compte du coût de la dette.

Elle reflète la capacité de l'entreprise à rémunérer ses actionnaires. La rentabilité financière représente donc la rentabilité des capitaux propres.

$$r_f = \frac{\text{Résultat de l'exercice (déjà net d'IS)}}{\text{Capitaux propres (hors résultat de l'exercice)}}$$

Le résultat de l'exercice est net d'IS, donc la rentabilité financière est toujours nette d'IS.

2 L'effet de levier financier

Définition

On appelle « **effet de levier financier** » le supplément (ou la dégradation) de la rentabilité financière imputable à l'endettement.

Interprétation de l'effet de levier

$r_f > r_e$	$r_f < r_e$	$r_f = r_e$
L'effet de levier est positif ($r_f - r_e > 0$). L'argent emprunté rapporte plus qu'il ne coûte ($r_e > i$), ce qui enrichit les actionnaires.	L'effet de levier est négatif ($r_f - r_e < 0$). L'argent emprunté rapporte moins qu'il ne coûte ($r_e < i$), ce qui appauvrit les actionnaires (créanciers résiduels).	L'effet de levier est inexistant ($r_f - r_e = 0$). car l'entreprise n'a pas emprunté ($D = 0$). La rentabilité des capitaux propres est égale à la rentabilité économique.

A. La formulation de l'effet de levier financier

$$r_f = r_e + \underbrace{\frac{D}{K}(r_e - i)}_{\text{Effet de levier financier}}$$

Avec :

- K : Capitaux propres (hors résultat de l'exercice)
- D : Dettes financières
- r_e : Rentabilité économique nette d'IS

i : Taux de la dette net d'IS

r_f : Rentabilité financière nette d'IS

▶ Exemple

Soit deux entreprises identiques dont les capitaux investis sont de 4 000 k€.

L'une est endettée pour un montant de 2 000 k€ au taux de 4,5 % ; l'autre est entièrement financée par des capitaux propres.

Taux d'IS : 28 %

	Entreprise endettée		Entreprise non endettée	
	Chiffre d'affaires	1000	Chiffre d'affaires	1000
	– Charges d'exploitation	– 670	– Charges d'exploitation	– 670
	Résultat d'exploitation	330	Résultat d'exploitation	330
	– Charges financières	– 90	– Charges financières	– 0
	Résultat avant IS	240	Résultat avant IS	330
	Résultat net d'IS	172,8	Résultat net d'IS	237,6
r_e net d'IS	$\frac{330 \times 0{,}72}{4\,000} = 5{,}94\ \%$		$\frac{330 \times 0{,}72}{4\,000} = 5{,}94\ \%$	
r_f	$\frac{172{,}8}{2\,000} = 8{,}64\ \%$		$\frac{237{,}6}{4\,000} = 5{,}94\ \%$	
Effet de levier financier	8,64 % – 5,94 % = + 2,7 % (effet de levier positif)		$r_e = r_f = 5{,}94\ \%$	

Dans l'entreprise non endettée, il n'y a pas d'effet de levier puisque, par définition, celui-ci est lié à la présence d'un endettement.

L'entreprise endettée est la plus intéressante pour de futurs actionnaires car l'argent emprunté au taux de 3,24 % net d'IS (4,5 % × (1 – 28 %)) rapporte 5,94 % net d'IS. Dans ces conditions, l'emprunt permet d'augmenter la rentabilité des capitaux propres.

B. La maximisation de l'effet de levier financier

Comment l'entreprise peut-elle augmenter l'effet de levier financier ?

En augmentant sa rentabilité économique r_e	• En augmentant la marge réalisée sur chaque produit • En augmentant les quantités vendues, à marge unitaire constante
En diminuant le coût des dettes financières i	Un faible taux d'emprunt permet d'augmenter l'effet de levier financier
En modifiant sa structure financière (D/K)	Augmenter le poids des dettes permet de renforcer l'effet de levier financier. L'effet de levier sera d'autant plus positif que le bras de levier D/K sera élevé

▶ Exemple (suite)

L'entreprise non endettée a réalisé des gains de productivité. Ses charges sont à présent inférieures à celles de l'entreprise endettée.

L'entreprise endettée a emprunté plus que prévu (2 500 k€) et a négocié le taux d'emprunt (3,5 %).

Les capitaux investis des deux entreprises s'élèvent toujours à 4 000 k€.

Taux d'IS : 28 %

	Entreprise endettée		Entreprise non endettée	
	Chiffre d'affaires – Charges d'exploitation	1000 – 670	Chiffre d'affaires – Charges d'exploitation	1000 – 600
	Résultat d'exploitation – Charges financières	330 – 87,5	Résultat d'exploitation – Charges financières	400 – 0
	Résultat avant IS	242,5	Résultat avant IS	400
	Résultat net d'IS	174,6	Résultat net d'IS	288
r_e net d'IS	$\frac{330 \times 0{,}72}{4\ 000} = 5{,}94\ \%$		$\frac{400 \times 0{,}72}{4\ 000} = 7{,}20\ \%$	
r_f	$\frac{174{,}6}{1\,500} = 11{,}64\ \%$		$\frac{288}{4\ 000} = 7{,}20\ \%$	
Effet de levier financier	11,64 % – 5,94 % = + 5,7 % (effet de levier positif)		$r_e = r_f = 7{,}20\ \%$	

La rentabilité économique de l'entreprise non endettée a progressé, mais l'absence d'endettement ne permet pas aux actionnaires de bénéficier d'un effet de levier financier. L'entreprise endettée reste la plus intéressante pour de futurs actionnaires. La baisse du taux d'emprunt couplée à l'augmentation des dettes financières permet d'augmenter significativement l'effet de levier financier. ◀

LE + DE L'EXPERT

La rentabilité financière étant nette d'IS, il faut bien penser à calculer la rentabilité économique après IS ainsi qu'un taux d'intérêt net d'IS (les charges d'intérêts étant déductibles fiscalement).

8 La rentabilité et le risque

Mots-clés

Levier d'exploitation • Risque économique • Risque financier • Seuil de rentabilité d'exploitation

1 La rentabilité économique et le risque économique

Définition

Le **risque économique** (ou risque d'exploitation) est le risque de variation de la rentabilité économique à la suite d'une variation du chiffre d'affaires.

Une variation du chiffre d'affaires entraîne une variation du résultat d'exploitation. Toutes les entreprises ne sont pas exposées de la même façon au risque d'exploitation.

Il existe deux indicateurs du risque économique (ou d'exploitation) :

– le seuil de rentabilité d'exploitation ;

– le levier d'exploitation (ou levier opérationnel).

A. Le seuil de rentabilité d'exploitation

Définition

Le **seuil de rentabilité d'exploitation** (SR_e) est le chiffre d'affaires pour lequel le résultat d'exploitation de l'entreprise est nul.

En présentant le compte de résultat de façon différentielle, on peut aussi dire que c'est le chiffre d'affaires pour lequel la marge sur coûts variables est égale aux charges fixes d'exploitation (CF_e) :

=	CAHT
–	Charges variables d'exploitation (CV_e)
=	Marge sur coûts variables (MCV)
–	Charges fixes d'exploitation (CF_e)
=	Résultat d'exploitation

Représentation graphique du seuil de rentabilité d'exploitation

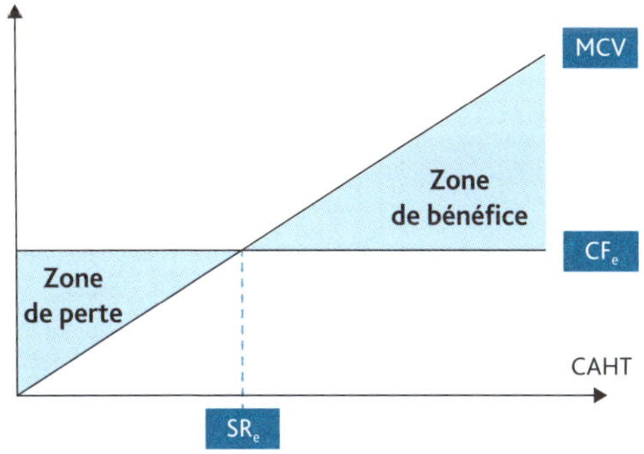

$$SR_e = \frac{CF_e}{\text{Taux de MCV}}$$

$$\text{avec Taux de MCV} = \frac{MCV}{CAHT} = \frac{CAHT - CV_e}{CAHT}$$

Plus le chiffre d'affaires est proche du seuil de rentabilité, plus le risque d'exploitation est élevé.

Pour un total de charges donné, plus les charges fixes sont élevées et plus le seuil de rentabilité est grand et donc difficile à atteindre.

B. Le levier d'exploitation (ou levier opérationnel)

Définition

Le **levier d'exploitation** (L_e) est le coefficient mesurant la sensibilité du résultat d'exploitation (RE) à une variation du chiffre d'affaires.

Le coefficient obtenu est un coefficient multiplicateur. Ainsi, si $L_e = 2$, cela signifie qu'en cas d'augmentation de 10 % du CAHT, le résultat d'exploitation augmentera de : 10 % × 2 = 20 % (et inversement en cas de diminution).

Le levier d'exploitation peut se calculer de trois façons différentes :

- $$L_e = \frac{\text{\% de variation du RE}}{\text{\% de variation du CAHT}} = \frac{\frac{\Delta RE}{RE}}{\frac{\Delta CAHT}{CAHT}}$$
- $$L_e = \frac{CAHT}{\text{Marge de sécurité}} = \frac{CAHT}{CAHT - SR_e}$$
- $$L_e = \frac{MCV}{RE}$$

Plus le levier d'exploitation est élevé, plus le risque d'exploitation est important.

En conclusion, le résultat d'exploitation est d'autant plus sensible à une variation du niveau d'activité que :

- la proportion des charges fixes est élevée ;
- la marge de sécurité de l'entreprise est faible.

▶ Exemple

La SA Fac vous communique le compte de résultat relatif à l'exercice N (sommes en k€) :

– Compte de résultat de l'exercice N

Charges	N	Produits	N
Charges d'exploitation		**Produits d'exploitation**	
Achats de marchandises	2 220	Ventes de marchandises	6 145
Variation stock de marchandises	– 220	Production vendue	2 990
Achats stockés de matières premières et approvisionnements	1 990	**Montant net du chiffre d'affaires**	**9 135**
Variation des stocks de matières premières	60	Production stockée	110

Charges	N	Produits	N
Autres achats et charges externes	1090	Production immobilisée	0
Impôts, taxes et versements assimilés	205	Subventions d'exploitation	50
Charges de personnel	2385		
Dotations aux amortissements, dépréciations et provisions	750	Reprises sur amortissements, dépréciations et provisions	130
Autres charges	0	Autres produits	20
Total	**8480**	**Total**	**9445**
Charges financières		**Produits financiers**	
Dotations aux amortissements, dépréciations et provisions	70	De participation et autres...	0
Intérêts et charges assimilées	210	Autres intérêts	35
Différences négatives de change	0	Reprises sur dépréciations et provisions	40
Charges nettes sur cessions de VMP	40	Différences positives de change	0
		Produits nets sur cessions de VMP	10
Total	**320**	**Total**	**85**
Charges exceptionnelles		**Produits exceptionnels**	
Sur opérations de gestion	25	Sur opérations de gestion	5
Sur opérations en capital	195	Sur opérations en capital (PCEA)	75
Dotations aux amortissements, dépréciations et provisions	0	Reprises sur dépréciations et provisions	0
Total	**220**	**Total**	**80**
Participation des salariés aux résultats	15		
Impôts sur les bénéfices	195		
Solde créditeur = **bénéfice**	380		
Total général	**9610**	**Total général**	**9610**

– Charges fixes d'exploitation (toutes les autres charges d'exploitation sont variables) :

Dotations aux amortissements	100 %
Autres achats et charges externes	10 %
Impôts, taxes et versements assimilés	80 %
Charges de personnel	60 %

Seuil de rentabilité d'exploitation

$CF_e = 750 + 1090 \times 0{,}10 + 205 \times 0{,}80 + 2385 \times 0{,}60 = 2454$

$CV_e = 8480 - 2454 = 6026$

Marge sur coûts variables = 9135 – 6026 = 3109

$$\text{Taux de marge sur coûts variables} = \frac{3\,109}{9\,135} = 34{,}03393\ \%$$

$$\text{SR d'exploitation} = \frac{2\,454}{0{,}3403393} \approx \mathbf{7\,210\ k€}$$

Levier d'exploitation

Calcul n° 1	Calcul n° 2	Calcul n° 3
• Avant augmentation du CAHT : • Résultat d'exploitation = 9 135 – 8 480 = 655	$L_e = \dfrac{\text{CAHT}}{\text{CAHT} - SR_e} = \dfrac{9\ 135}{9\ 135 - 7\ 210}$ $= \mathbf{4{,}75}$	$L_e = \dfrac{\text{MCV}}{\text{RE}} = \dfrac{9\ 135 - 6\ 026}{655}$ $= \mathbf{4{,}75}$
• Après augmentation du CAHT de 10 % : CAHT = 9 135 × 1,1 = 10 048,5 RE = 10 048,5 – 2 454 – 6 026 × 1,1 = 965,9		
• % Variation du RE = $\dfrac{965{,}9 - 655}{655} = 47{,}47\ \%$		
$L_e = \dfrac{\%\ \text{de variation du RE}}{\%\ \text{de variation du CAHT}}$ $= \dfrac{47{,}47\ \%}{10\ \%} = 4{,}75$		

Une variation de 10 % du CAHT entraîne une variation de 47,5 % du résultat d'exploitation. Ce résultat est lié à la part des charges fixes au sein des charges d'exploitation. ◄

2 La rentabilité financière et le risque financier

Définition

Le **risque financier** est le risque de variation de la rentabilité financière à la suite d'une variation du chiffre d'affaires.

Le risque financier supporté par les actionnaires est d'autant plus élevé que le poids de l'endettement est important. Le risque financier dépend donc du « bras de levier » *D*/*K*.

À risque d'exploitation égal, la rentabilité financière est donc d'autant plus fluctuante que l'entreprise est endettée.

L'effet de levier financier positif se traduit par un supplément de rentabilité pour les actionnaires mais également par un risque financier supérieur. Les notions de rentabilité et de risque sont étroitement liées. Une rentabilité élevée va de pair avec un risque plus élevé.

Dans le cas d'une baisse du chiffre d'affaires, la dégradation de la rentabilité financière sera d'autant plus forte que l'entreprise est endettée (ratio *D*/*K*).

Calcul du risque financier

Entreprise non endettée	Entreprise endettée
↓	↓
Risque financier = risque économique (ou d'exploitation)	Risque financier = risque économique + risque lié à la structure financière *D*/*K*

LE + DE L'EXPERT

Les calculs présentés dans cette fiche sont indépendants du taux d'IS.

9 Le tableau de financement : présentation générale

Mots-clés

Emplois • Équilibre financier • Ressources • Tableau de financement

1 Principe

Définition

Le **tableau de financement** explique les variations du patrimoine de l'entreprise au cours d'un exercice comptable.

Différences entre le bilan fonctionnel et le tableau de financement

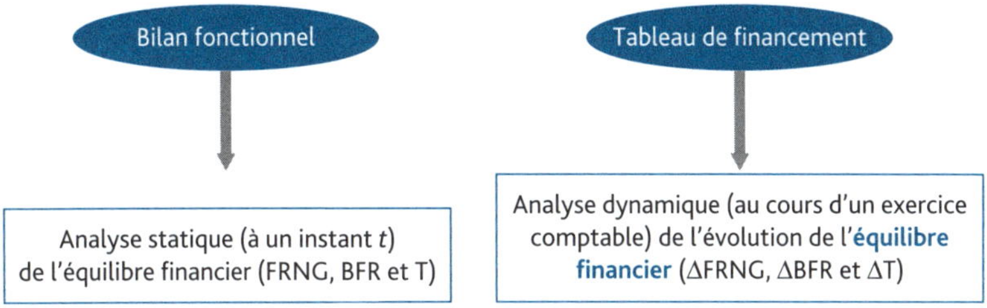

2 L'établissement du tableau de financement

Le tableau de financement est établi à partir de deux bilans (avant répartition du résultat).

Construction du tableau de financement

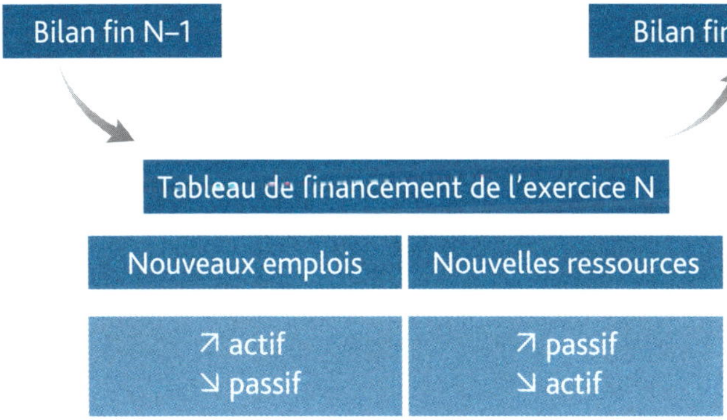

Il s'agit de dégager les nouvelles **ressources** (financements) et les nouveaux **emplois** (éléments à financer) de l'entreprise au cours de l'exercice écoulé.

Tableau de financement à partie double

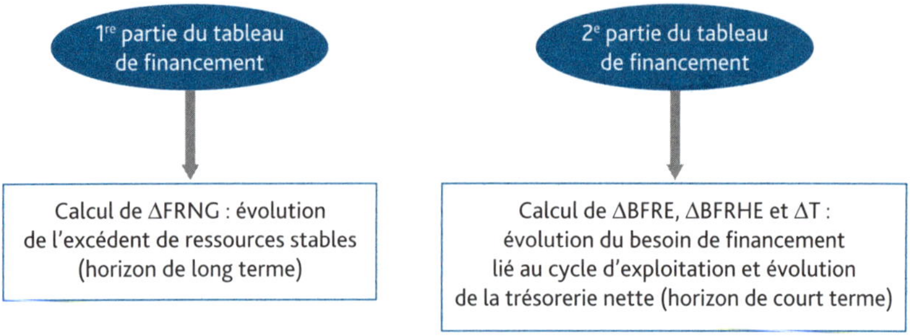

LE + DE L'EXPERT

Les deux parties du tableau de financement permettent de retrouver et d'analyser la variation du FRNG (↪ fiches 10 et 11).

- Première partie : Δ Ressources stables – Δ Emplois stables = Δ FRNG
- Deuxième partie : – Δ BFR – Δ T = – Δ FRNG

10 Le tableau de financement : première partie

Mots-clés

CAF • Tableau de financement • Variation du FRNG

1 La première partie du tableau de financement

Emplois	N	Ressources	N
Distributions mises en paiement au cours de l'exercice		Capacité d'autofinancement de l'exercice	
Acquisition d'éléments de l'actif immobilisé :		Cessions ou réductions d'éléments de l'actif immobilisé :	
Immobilisations incorporelles		Cessions d'immobilisations :	
Immobilisations corporelles		– incorporelles	
Immobilisations financières		– corporelles	
Charges à répartir sur plusieurs exercices		Cessions ou réduction d'immobilisations financières	
Réduction des capitaux propres		Augmentation des capitaux propres :	
		Augmentation de capital ou apports	
		Augmentation des autres capitaux propres	
Remboursements de dettes financières		Augmentation des dettes financières	
Total des emplois		**Total des ressources**	
Variation du FRNG (ressource nette)		Variation du FRNG (emploi net)	

La dernière ligne du tableau indique :
- une ressource nette si Δ FRNG > 0 (en bas à gauche pour équilibrer le tableau) ;
- un emploi net si Δ FRNG < 0 (en bas à droite).

2 L'interprétation des soldes du tableau de financement

A. La capacité d'autofinancement (CAF)

La CAF est calculée à partir du compte de résultat (↪ fiche 3).

CAF = Résultat de l'exercice + DADP + VCEAC – RADP – QP des SI – PCEA

B. Les cessions ou réductions d'éléments de l'actif immobilisé

Il s'agit du prix de cession (pour les immobilisations incorporelles, corporelles et les titres) et des remboursements pour les autres immobilisations financières (prêts, dépôts et cautionnements).

C. L'augmentation des capitaux propres

L'augmentation des capitaux propres peut résulter de :

- D'une augmentation de capital en numéraire (primes d'émission comprises) ou en nature uniquement. Les augmentations par incorporation de réserves consistent en un transfert d'un poste à un autre au sein des capitaux propres et ne constituent pas des ressources nouvelles.
- D'une augmentation des autres capitaux propres : il s'agit des nouvelles subventions d'investissement enregistrées au cours de l'exercice.

D. L'augmentation des dettes financières

La rubrique concerne les nouveaux emprunts de l'exercice. S'il y a eu à la fois une augmentation et un remboursement au cours de l'exercice, il convient de poser une équation pour éviter les erreurs. Si on désigne par A l'augmentation des dettes financières D et par R le montant remboursé, on trouve A à partir de la relation suivante :

$$D_N = D_{N-1} + A - R$$

E. Les acquisitions d'éléments de l'actif immobilisé

Pour calculer les acquisitions d'immobilisations corporelles, il faut tenir compte des immobilisations en cours et des avances et acomptes.

Si le tableau des immobilisations est communiqué, on trouve les informations dans la colonne « Augmentations ». À défaut, il faut recourir à la relation exposée précédemment.

▶ **Exemple 1**

(en k€)	Brut N–1	Brut N
Constructions	12 000	17 000
Installations techniques, matériel et outillage	8 000	10 000
Immobilisations en cours	2 000	0
Avances et acomptes	700	200
Total des immobilisations corporelles	22 700	27 200

Prix de cession des éléments d'actif cédés : 450 k€

Montant brut des éléments d'actif cédés en N : 1 300 k€ (il s'agit d'un matériel).

Immos N = Immos N–1 + Acquisitions – Cessions

27 200 = 22 700 + Acquisitions – 1 300 (en brut, pour avoir une équation homogène)

Acquisitions = 27 200 – (22 700 – 1 300) = 5 800 k€ ◀

▶ Exemple 2

La société Tafin vous communique ses bilans N et N–1 simplifiés (en k€) :

ACTIF	N			N–1 net	PASSIF	N	N–1
	Brut	A & D	Net				
Immobilisations incorporelles	100	70	30	40	Capital	370	300
Immobilisations corporelles	980	320	660	585	Réserves	115	100
Immobilisations financières :					Résultat de l'exercice	35	40
Autres titres immobilisés	140	20	120	120	Subventions d'investissement	40	50
Prêts	50	0	50	85	**Total I**	**560**	**490**
Total I	**1270**	**410**	**860**	**830**	Provisions pour risques et charges	60	50
Stocks	60	15	45	30	**Total II**	**60**	**50**
Créances d'exploitation	80	10	70	50	Emprunts et dettes auprès des EC [1]	296	330
Créances diverses	15	0	15	10	Emprunts et dettes financières divers	16	10
VMP	20	5	15	25	Dettes fournisseurs	44	45
Disponibilités	5	0	5	15	Dettes fiscales	30	25
Total II	**180**	**30**	**150**	**130**	Dettes diverses	14	10
Écarts de conversion	10	0	10	0	**Total III**	**400**	**420**
Total général	**1460**	**440**	**1020**	**960**	**Total général**	**1020**	**960**
					[1] *dont CBC*	*12*	*6*
					et intérêts courus	*16*	*10*

- **Précisions :**

– CAF de l'exercice N : 70 k€

– Il n'y a pas eu de cession d'immobilisations corporelles en N. Les produits exceptionnels sur opérations en capital s'élèvent à 40 k€ et se décomposent en : 10 k€ de quote-part de subvention virée au résultat et 30 k€ de produits de cession d'actions (autres titres). Ces actions avaient été acquises pour 10 k€.

– Une augmentation de capital par incorporation de réserves a eu lieu pour un montant de 10 k€.

– L'entreprise n'a pas reçu de nouvelle subvention d'investissement en N.

– L'entreprise a remboursé des emprunts et n'en a pas contracté de nouveau.

– Des dividendes d'un montant de 15 k€ ont été distribués en juillet N.

– Il y a eu une acquisition d'actions en N.

- **Montants bruts fin N–1 :**

– Immobilisations incorporelles : 100 k€

– Immobilisations corporelles : 860 k€

– Autres titres : 125 k€

– Prêts : 85 k€

– Stocks : 50 k€

– Créances d'exploitation : 65 k€

– Créances diverses : 10 k€

– VMP : 35 k€

La deuxième partie du tableau de financement, axée sur un horizon de court terme, met en avant l'évolution du BFR (décomposé en BFRE et BFRHE) et l'évolution de la trésorerie nette :

Δ BFRE = Δ Stocks + Δ Créances d'exploitation à court terme – Δ Dettes d'exploitation à court terme
Δ BFRHE = Δ Créances hors exploitation à court terme – Δ Dettes hors exploitation à court terme
Δ T = Δ Trésorerie active – Δ Trésorerie passive

La logique est fonctionnelle ; les besoins et dégagements sont calculés à partir des montants bruts.

Équilibre Emplois/Ressources

Besoin (= emploi)	Dégagement (= ressource)
↗ actif ou ↘ passif	↗ passif ou ↘ actif

Reclassements selon la logique fonctionnelle

VMP	Les VMP font généralement partie des « Variations hors exploitation » (variation des autres débiteurs). Cependant, les VMP sont parfois assimilées à des disponibilités.
Intérêts courus	Les intérêts courus inclus dans les immobilisations financières ou dans les dettes financières sont à transférer en bas du bilan (en créances diverses et dettes diverses).
Écarts de conversion	On élimine les écarts de conversion pour ramener les postes concernés à leur valeur d'origine.

2 L'interprétation des soldes du tableau de financement

La convention adoptée pour calculer les soldes (Dégagements – Besoins) rend leur interprétation délicate. On a en effet :

Solde A = – Δ BFRE
Solde B = – Δ BFRHE
Total A + B = – Δ BFR
Solde C = – ΔT
Total A + B + C = – Δ BFR – ΔT = – Δ FRNG

Tous les soldes de la deuxième partie du tableau de financement présentent un signe inversé (pour montrer l'utilisation de Δ FRNG).

Pour le BFRE :

- un signe « – » correspond à une augmentation du BFRE (Δ FRNG a été utilisée pour financer cycle d'exploitation) ;
- un signe « + » correspond à une diminution (Δ BFRE est venue consolider Δ FRNG).

Amélioration ou dégradation de l'équilibre financier

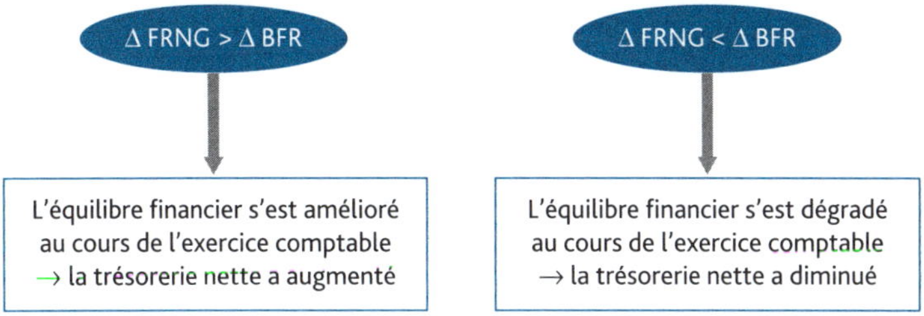

▶ Exemple (suite)

La société Tafin vous communique ses bilans (*cf.* exemple 2 de la fiche 10) :

- Les écarts de conversion actif concernent le poste « Dettes fournisseurs ».
- Montants bruts fin N–1 :

– Stocks : 50 k€
– Créances d'exploitation : 65 k€
– Créances diverses : 10 k€
– VMP : 35 k€

– Variation des stocks = 60 – 50 = 10 (augmentation, c'est-à-dire besoin)

– Variation des créances clients = 80 – 65 = + 15 (augmentation ou besoin)

– Variation des dettes fournisseurs = (44 + 30 – 10) – (45 + 25) = – 6
(diminution ou dégagement)
ECA (perte de change latente à éliminer pour revenir à la dette d'origine)

– Variation des autres débiteurs (y compris VMP) = (15 + 20) – (10 + 35) =
– 10 (diminution ou dégagement)

– Variation des autres créditeurs (intérêts courus et dettes diverses) =
(16 + 14) – (10 + 10) = + 10 (augmentation = dégagement)

– Variation des disponibilités = 5 – 15 = – 10 (diminution ou dégagement)

– Variation des CBC = 12 – 6 = + 6 (dégagement)

Variation du fonds de roulement net global	Besoins (1)	Dégagement (2)	Solde (2–1)
Variations « Exploitation » :			
Variation des actifs d'exploitation :			
Stock et en-cours	10		
Avances et acomptes versés			
Créances clients, comptes rattachés et autres créances d'exploitation	15		
Variation des dettes d'exploitation :			
Avances et acomptes reçus			
Dettes fournisseurs, comptes rattachés et autres dettes d'exploitation	6		
Totaux	**31**	**0**	
A. Variation nette « Exploitation »			**– 31**

Variation du fonds de roulement net global	Besoins (1)	Dégagement (2)	Solde (2–1)
Variations « Hors exploitation » :			
Variation des autres débiteurs		10	
Variation des autres créditeurs		10	
Totaux	**0**	**20**	
B. Variation nette « Hors exploitation »			**20**
TOTAL A + B **Besoin de l'exercice en fonds de roulement** Ou **Dégagement net de fonds de roulement**			**– 11**
Variations « Trésorerie » :			
Variation des disponibilités		10	
Variation des concours bancaires courants et soldes créditeurs de banque		6	
Totaux		**16**	
C. Variation nette « Trésorerie »			**16**
Variation du fonds de roulement net global (TOTAL A + B + C) **Emploi Net** Ou **Ressource Nette**			**5**

On constate un dérapage du BFRE dû notamment à la hausse des stocks et des créances clients. Cette augmentation n'est que partiellement compensée par la diminution du BFRHE ; il en résulte un BFR en hausse.

La baisse du FRNG (↳ **fiche 10**) et la hausse du BFR conduisent à une dégradation de la trésorerie (diminution des disponibilités et augmentation des concours bancaires courants).

L'équilibre financier s'est donc dégradé au cours de l'exercice N. La trésorerie nette finale devient négative fin N (T = 5 – 12 = – 7 k€). À l'avenir, la société devra en particulier surveiller l'évolution de son BFR. ◂

LE + DE L'EXPERT

La variation du FRNG trouvée à la fin de la deuxième partie du tableau de financement doit correspondre à celle trouvée à la fin de la première partie, mais avec un signe opposé.

12 L'excédent de trésorerie d'exploitation (ETE)

Mots-clés

Activité • Effet de ciseaux • Excédent de trésorerie d'exploitation (ETE) • Flux de trésorerie

1 Les flux de trésorerie

A. L'analyse générale des flux de trésorerie

Définition

Un **flux de trésorerie** correspond à un encaissement s'il est positif ou à un décaissement s'il est négatif.

Un flux net de trésorerie ou variation de trésorerie (noté Δ T) se calcule de la façon suivante :

Δ T = Total des encaissements – Total des décaissements

Les flux de trésorerie ont trois origines.

Origines des flux de trésorerie

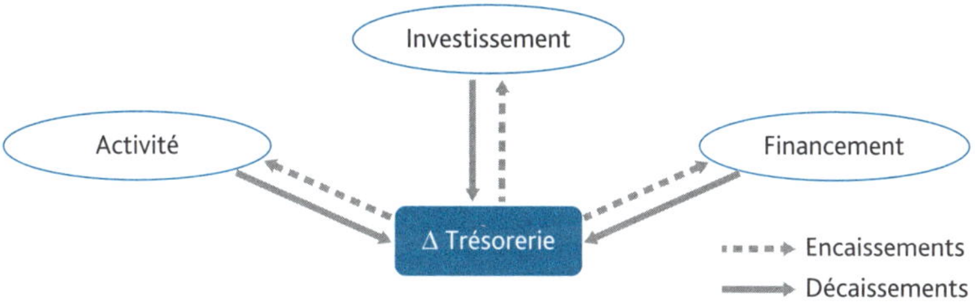

Δ T = Δ T liée à l'activité + Δ T liée aux opérations d'investissement + Δ T liée aux opérations de financement

B. L'exploitation et l'activité

La notion d'exploitation est plus restrictive que la notion d'activité.

Différence entre exploitation et activité

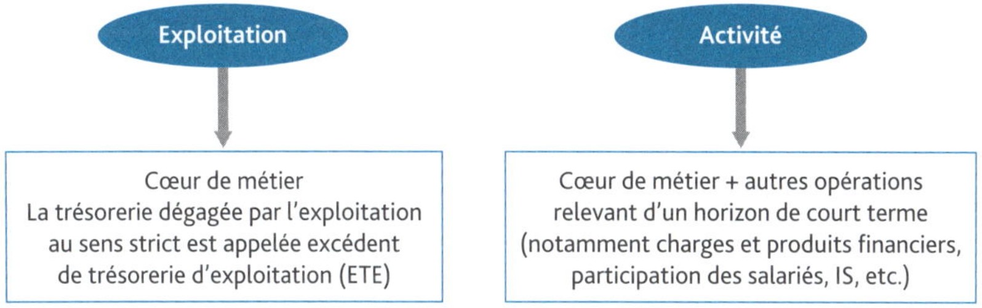

2 L'excédent de trésorerie d'exploitation (ETE)

Définition

L'**excédent de trésorerie d'exploitation (ETE)** est la trésorerie dégagée (ou consommée) au cours de l'exercice par les opérations d'exploitation au sens strict.

Il existe deux modes de calculs de l'ETE.

A. Le calcul direct de l'ETE

ETE = Encaissements d'exploitation TTC – Décaissements d'exploitation TTC

Encaissements liés à l'exploitation (N)	= Ventes TTC + Production immobilisée + Subventions d'exploitation + Créances d'exploitation initiales (encaissées début N) – Créances d'exploitation finales (encaissées début N+1)
Décaissements liés à l'exploitation (N)	= Achats TTC + Autres achats et charges externes TTC + Impôts et taxes + Charges de personnel + TVA due de l'exercice + Dettes d'exploitation initiales (décaissées début N) – Dettes d'exploitation finales (décaissées début N+1)

B. Le calcul indirect de l'ETE

L'ETE peut se calculer plus rapidement à partir de l'excédent brut d'exploitation (EBE).

L'EBE est un flux potentiel de trésorerie (ou flux de fond). Des corrections sont donc nécessaires pour passer de l'EBE à l'ETE.

Pour passer d'un flux de fonds (EBE) à un flux de trésorerie (ETE), il faut tenir compte du financement des nouveaux stocks et des nouveaux décalages de paiement.

ETE = EBE – Δ Stocks – Δ Créances d'exploitation + Δ dettes d'exploitation

$$\text{ETE} = \text{EBE} - \underbrace{(\Delta \text{ Stocks} + \Delta \text{ Créances d'exploitation} - \Delta \text{ dettes d'exploitation})}_{\Delta \text{ BFRE}}$$

On a donc :

ETE = EBE – Δ BFRE

C. L'intérêt de l'ETE

L'ETE constitue un indicateur-clé pour le dirigeant car :

- il mesure la capacité de l'entreprise à générer des liquidités suffisantes au niveau des opérations d'exploitation au sens strict. Ces liquidités lui permettent de supporter le poids de la dette et d'autofinancer ses investissements ;

- il permet de détecter le risque de défaillance de l'entreprise car il est plus sensible aux variations d'activité que l'EBE (la production stockée se substitue à la production vendue en cas de baisse d'activité dans le calcul de l'EBE) ;
- il permet de diagnostiquer l'**effet de ciseaux**. Cette situation survient en particulier dans les entreprises en forte croissance lorsque la croissance du BFRE devient supérieure à la croissance de l'EBE. Cette tendance entraîne mécaniquement une baisse de la trésorerie d'exploitation du fait de la relation : ETE = EBE – Δ BFRE.

▶ Exemple

La société Ebete vous communique les documents suivants (TVA à 20 %) :

- **Compte de résultat de l'exercice N**

Charges	N	Produits	N
Charges d'exploitation		**Produits d'exploitation**	
Variation stock de marchandises	0	Production vendue	3 310
Achats stockés de matières premières et approvisionnements	800	**Montant net du chiffre d'affaires**	**3 310**
Variation des stocks de matières premières	– 20	Production stockée	45
Autres achats et charges externes	370	Production immobilisée	0
Impôts, taxes et versements assimilés	80	Subventions d'exploitation	20
Charges de personnel	1 210		
Dotations aux amortissements, dépréciations et provisions	450	Reprises sur amortissements, dépréciations et provisions	40
Autres charges	35	Autres produits	10
Total	**2 925**	**Total**	**3 425**
Charges financières		**Produits financiers**	
Dotations aux amortissements, dépréciations et provisions	50	De participation et autres…	0
Intérêts et charges assimilées	124	Autres intérêts	15
Différences négatives de change	0	Reprises sur dépréciations et provisions	20
Total	174	**Total**	**35**
Charges exceptionnelles		**Produits exceptionnels**	
Sur opérations de gestion	25	Sur opérations de gestion	30
Sur opérations en capital	6	Sur opérations en capital (PCEA)	75
Total	**31**	**Total**	**105**
Participation des salariés aux résultats	5		
Impôts sur les bénéfices	140		
Solde créditeur = **bénéfice**	290		
Total général	**3 565**	**Total général**	**3 565**

- **Informations issues des bilans au 31/12/N et au 31/12/N–1 (valeurs brutes)**

	N	N–1
Stocks	190	125
Créances d'exploitation	210	190
Dettes d'exploitation	110	120
Créances diverses	30	25
Dettes diverses	10	5

ETE (N–1) = 770 ; ETE (N–2) = 745.

- **Tableau de financement N (1re partie)**

Emplois	N	Ressources	N
Distribution mises en paiement au cours de l'exercice	140	Capacité d'autofinancement de l'exercice	661
Acquisition d'éléments de l'actif immobilisé :		Cessions ou réductions d'éléments de l'actif immobilisé :	
Immobilisations incorporelles	0	Incorporelles	75
Immobilisations corporelles	650	Corporelles	15
Immobilisations financières	20	Financières	0
Remboursement des dettes financières	70	Augmentation des dettes financières	180
Total des emplois	**880**	**Total des ressources**	**931**
Variation du FRNG (ressource nette)	51	Variation du FRNG (emploi net)	

Calcul de l'ETE à partir de l'EBE

EBE = 3 310 + 45 + 20 – (800 – 20 + 370 + 80 + 1 210) = 935

Δ BFRE = Δ Stocks + Δ Créances d'exploitation – Δ Dettes d'exploitation
= (190 – 125) + (210 – 190) – (110 – 120)
= 95 (augmentation du besoin de financement lié à l'exploitation au sens strict)

ETE = EBE – Δ BFRE = 935 – 95 = **840 k€**

Calcul de l'ETE à partir des encaissements et décaissements d'exploitation TTC

CATTC	3 310 × 1,2	= 3 972
+ Subvention d'exploitation (pas de TVA)		20
– Δ Créances d'exploitation		– 20
Total encaissements TTC		3 972
Achats de MP 800 × 1,2 =	960	
+ Autres achats et charges externes 370 × 1,2 =	444	
+ Impôts, taxes et valeur ajoutée (pas de TVA)	80	
+ Charges de personnel (pas de TVA)	1 210	
+ TVA à décaisser (3 310 – 800 – 370) × 20 % =	428	
– Δ Dettes d'exploitation	+ 10	
Total décaissements TTC	3 132	

ETE = 3 972 – 3 132 = **840 k€**

On constate une progression assez nette de l'ETE par rapport à celui de N–1 et de N –2.

LE + DE L'EXPERT

- Flux net de trésorerie généré par l'exploitation = ETE = EBE – Δ BFRE
- Flux net de trésorerie généré par l'activité = CAF – Δ BFR lié à l'activité (fiche 13)

13 Les tableaux de flux de trésorerie

Mots-clés

Activité • Flux de fonds • Flux net de trésorerie • Tableau de flux de trésorerie

1 Le tableau de flux de trésorerie

Définition

Un **tableau de flux de trésorerie** analyse l'origine de l'augmentation ou de la diminution de la trésorerie au cours d'un exercice.

Différences entre le tableau de financement
et le tableau de flux de trésorerie

Tableau de financement	Tableau de flux de trésorerie
• Étude des **flux de trésorerie potentiels** (flux de fonds) • Analyse centrée sur **l'évolution de l'équilibre financier**	• Étude des **flux de trésorerie réels** *(cash flows)* • Analyse centrée sur l'origine des **encaissements/décaissements**

A. La structure d'un tableau de flux de trésorerie

Le PCG ne propose pas de modèle de tableau de flux de trésorerie. Cependant, la plupart des tableaux de flux de trésorerie sont construits selon la même logique.

Flux net de trésorerie lié à l'activité (A)
+ Flux net de trésorerie lié aux opérations d'investissement (B)
+ Flux net de trésorerie lié aux opérations de financement (C)
= Variation de trésorerie (A + B + C)

B. Le fractionnement de la variation du BFR

La variation du BFR n'est pas déduite en totalité dans la partie « **Activité** ». Elle doit être fractionnée :

$$\Delta \text{ BFR} = \Delta \text{ BFR lié à l'activité} + \Delta \text{ BFR lié aux opérations d'investissement} + \Delta \text{ BFR lié aux opérations de financement}$$

avec :

Δ BFR lié à l'investissement
= Δ « Autres créances » sur cessions d'immobilisations – Δ « Dettes sur immobilisations »

Δ BFR lié au financement = Δ capital souscrit appelé, non versé

Δ BFR lié à l'activité = Δ BFR – Δ BFR lié à l'investissement – Δ BFR lié au financement

② Le tableau de flux de trésorerie simplifié

Exemple pour l'exercice N

Flux de trésorerie liés à l'activité		
	Résultat de l'exercice	
+	Amortissements, dépréciations et provisions (dotations nettes des reprises)	
+	Valeur comptable des éléments d'actif cédés	
–	Produits des cessions d'éléments d'actif	
–	Quote-part des subventions d'investissement virée au résultat	
=	**CAF**	
–	Δ BFR lié à l'activité	
=	**Flux net de trésorerie lié à l'activité (A)**	
Flux de trésorerie liés aux opérations d'investissement		
–	Acquisitions d'immobilisations	
+	Cessions d'immobilisations	
–	Δ BFR lié aux opérations d'investissement	
=	**Flux net de trésorerie lié aux opérations d'investissement (B)**	
Flux de trésorerie liés aux opérations de financement		
	Augmentations des capitaux propres	
+	Augmentation des dettes financières	
–	Dividendes versés	
–	Remboursements d'emprunts	
–	Δ BFR lié aux opérations de financement	
=	**Flux net de trésorerie lié opérations de financement (C)**	
Variation de trésorerie (A + B + C)		
Trésorerie d'ouverture		
Trésorerie de clôture		

Le résultat de l'exercice constitue le point de départ de la partie « Activité ».

Il permet d'obtenir la CAF, qui constitue un flux de trésorerie potentiel (ou **flux de fonds**).

Trésorerie générée par l'activité = CAF – Δ BFR lié à l'activité

- La partie « Investissement » regroupe les flux de trésorerie portant sur l'actif immobilisé.
- La partie « Financement » récapitule les flux de trésorerie portant sur les capitaux propres et les dettes financières.
- Les VMP sont parfois assimilées à des disponibilités (si les titres sont liquides).

▶ **Exemple**

La société Rosert vous communique des informations (en k€).

- **Éléments de calcul du BFR (montants bruts)**

Postes	N	N–1
Stocks	135	95
Clients et comptes rattachés	555	445
Fournisseurs et comptes rattachés	170	195
Autres créances (*dont créances sur cessions d'immobilisation*)	55	30
Dettes sur immobilisations	15	70
Autres dettes	5	25

- **Compte de résultat de l'exercice N**

Charges	N	Produits	N
Charges d'exploitation		**Produits d'exploitation**	
Achats de marchandises	130	Ventes de marchandises	390
Variation stock de marchandises	5	Production vendue	4 910
Achats stockés de MP	850	**Montant net du chiffre d'affaires**	**5 300**
Variation des stocks de MP	– 10	Production stockée	30
Autres achats et charges externes	650	Production immobilisée	0
Impôts, taxes et versements assimilés	75	Subventions d'exploitation	40
Charges de personnel	1390		
Dotations aux amortissements…	1250	Reprises sur amortissements…	90
Autres charges	10	Autres produits	0
Total	**4350**	**Total**	**5460**
Charges financières		**Produits financiers**	
Dotations aux amortissements…	85	De participation et autres…	0
Intérêts et charges assimilées	195	Autres intérêts	25
Différences négatives de change	0	Reprises sur dépréciations et provisions	45
Charges nettes sur cessions de VMP	0	Différences positives de change	0
		Produits nets sur cessions de VMP	30
Total	280	**Total**	**100**
Charges exceptionnelles		**Produits exceptionnels**	
Sur opérations de gestion	15	Sur opérations de gestion	0
Sur opérations en capital (VCEAC)	75	Sur opérations en capital (PCEA)	160
Dotations aux amortissements…	0	Reprises sur dépréciations et provisions	0
Total	**90**	**Total**	**160**
Participation des salariés aux résultats	25		
Impôts sur les bénéfices	225		
Solde créditeur = **bénéfice**	750		
Total général	5720	**Total général**	5720

- **Tableau de financement de l'exercice N (1re partie)**

Emplois	N	Ressources	N
Distribution mises en paiement au cours de l'exercice	420	Capacité d'autofinancement de l'exercice	1865
Acquisition d'éléments de l'actif immobilisé :		Cessions ou réductions d'éléments de l'actif immobilisé :	
Immobilisations incorporelles	6275	Incorporelles	145
Immobilisations corporelles	450	Corporelles	15
Immobilisations financières	0	Financières	0
Charges à répartir sur plusieurs exercices	0	Augmentation des capitaux propres :	
Réduction des CP	930	Augmentation de capital ou apports	2800
		Augmentation des autres CP	3000
Total des emplois	**8075**	**Total des ressources**	**7825**
Variation du FRNG (ressource nette)		Variation du FRNG (emploi net)	250

- **Tableau de flux de trésorerie de l'exercice N**

Flux de trésorerie liés à l'activité		
	Résultat de l'exercice	750
+	Amortissements, dépréciations et provisions (dotations nettes des reprises)	1200
+	Valeur comptable des éléments d'actif cédés	75
–	Produits des cessions d'éléments d'actif	– 160
–	Quote-part des subventions d'investissement virée au résultat	0
=	CAF	1865
–	Δ BFR lié à l'activité	– 220
=	**Flux net de trésorerie lié à l'activité (A)**	**1645**
Flux de trésorerie liés aux opérations d'investissement		
–	Acquisitions d'immobilisations	– 6725
+	Cessions d'immobilisations	160
–	Δ BFR lié aux opérations d'investissement	– 55
=	**Flux net de trésorerie lié aux opérations d'investissement (B)**	– 6620
Flux de trésorerie liés aux opérations de financement		
	Augmentations des capitaux propres	2800
+	Augmentation des dettes financières	3000
–	Dividendes versés	– 420
–	Remboursements d'emprunts	– 930
–	Δ BFR lié aux opérations de financement	0
=	**Flux net de trésorerie lié opérations de financement (C)**	**4450**
Variation de trésorerie (A + B + C)		– 525
Trésorerie d'ouverture		**137**
Trésorerie de clôture		– 388

Dotations nettes des reprises : 1250 + 85 – 90 – 45 = 1200
Variation du BFR lié à l'activité = BFR lié à l'activité (N) – BFR lié à l'activité (N–1)
N → (135 + 555 + 55) – (170 + 5) = 570
N + 1 → (95 + 445 + 30) – (195 + 25) = 350
Variation du BFR lié à l'activité = 570 – 350 = 220 k€ (augmentation)
Variation du BFR lié aux opérations d'investissement (dettes sur immobilisations) :
0 – (15 – 70) = 55 k€
Les dettes sur immobilisations ont diminué. Cette diminution constitue un emploi qui vient augmenter le BFR de 55 k€.
Variation du BFR lié aux opérations de financement = 0
Contrôle de la variation de trésorerie :
Δ T = Δ FRNG – Δ BFR = – 250 – (220 + 55) = – 525 k€
Si les bilans sont donnés, on doit aussi obtenir Δ T = T (N) – T (N–1) ◂

LE + DE L'EXPERT

Δ BFR lié à l'activité = Δ BFRE + une partie de Δ BFRHE
Si les EENE sont retraités (↪ fiche 4), la variation du BFR lié à l'activité sera impactée.

14 Le tableau de flux de trésorerie de l'OEC

Mots-clés

Activité • Flux net de trésorerie d'exploitation • Marge brute d'autofinancement

1 Le tableau de flux de trésorerie de l'OEC

L'ordre des experts-comptables (OEC) propose un modèle de tableau de flux de trésorerie.

ACTIVITÉ (option 1)		ACTIVITÉ (option 2)		
	Résultat de l'exercice		Résultat d'exploitation	
+	Amortissements, dépréciations et provisions (dotations nettes des reprises)	+	Amortissements, dépréciations et provisions (dotations nettes des reprises)	
+	VCEAC	=	Résultat brut d'exploitation	
–	PCEA	–	Variation du BFRE	
–	Quote-part des subventions d'investissement virée au résultat	=	**Flux net de trésorerie d'exploitation**	
=	**Marge brute d'autofinancement**	±	Produits et frais financiers	
		±	Produits et charges exceptionnels (sauf PCEA)	
–	Variation du BFR lié à l'activité	–	Autres (IS et Participation)	
		–	Variation du BFR lié à l'activité (sauf Δ BFRE)	
=	**Flux net de trésorerie lié à l'activité (A)**			
INVESTISSEMENT				
	Cessions d'immobilisations incorporelles			
+	Cessions d'immobilisations corporelles			
+	Cessions ou réductions d'immobilisations financières			
–	Acquisitions d'immobilisations incorporelles			
–	Acquisitions d'immobilisations corporelles			
–	Acquisitions d'immobilisations financières			
–	Variation des créances et dettes sur immobilisations			
=	**Flux net de trésorerie lié aux opérations d'investissement (B)**			
FINANCEMENT				
	Augmentation de capital			
–	Réduction de capital			
–	Dividendes versés			
+	Augmentation des dettes financières			
–	Remboursement des dettes financières			
+	Subventions d'investissement reçues			
–	Variation du capital souscrit non appelé			
–	Variation du capital souscrit, appelé, non versé			
=	**Flux net de trésorerie lié aux opérations de financement (C)**			
VARIATION DE LA TRÉSORERIE (A+B+C)				
Trésorerie d'ouverture (D)				
Trésorerie de clôture (A + B + C + D)				

2 La partie « Activité »

Il existe deux présentations de la partie « **Activité** » du tableau de flux de trésorerie de l'OEC :
- à partir du résultat de l'exercice (option 1) ;
- ou à partir du résultat d'exploitation (option 2).

A. L'option 1

La marge brute d'autofinancement

Définition

La **marge brute d'autofinancement** (MBA) correspond au flux de trésorerie potentiel généré par l'activité courante en considérant les dotations aux dépréciations sur actif circulant (nettes des reprises sur dépréciation de l'actif circulant) comme des charges décaissables (pertes réalisées dans un future proche).

La marge brute d'autofinancement se distingue de la CAF car on ne rajoute pas au résultat les dotations (nettes des reprises) relatives aux postes de l'actif circulant : MBA < CAF.

La variation du BFR lié à l'activité

Les dotations relatives aux postes de l'actif circulant restent attachées à chacun de ces postes (stocks, créances liées à l'activité et dettes relatives à l'activité). En conséquence, ces postes sont considérés pour leur montant net pour le calcul de la variation du BFR lié à l'activité.

B. L'option 2

Un flux net de trésorerie intermédiaire appelé **flux net de trésorerie d'exploitation** permet d'isoler la trésorerie dégagée par l'exploitation au sein de la trésorerie dégagée par l'activité.

Le flux net de trésorerie d'exploitation est proche de l'ETE, mais il en diffère car :
- il tient compte des autres produits et autres charges d'exploitation ;
- les dotations nettes des reprises sur dépréciations de l'actif circulant sont considérées comme des charges décaissables. La variation du BFRE est donc calculée à partir des montants nets des postes de l'actif circulant.

3 Le reste du tableau

Dans la partie « Investissement », la variation des créances sur immobilisations est calculée à partir des montants nets.

Dans la partie « Financement », le montant des augmentations de capital doit figurer pour son montant avant déduction de la variation du capital souscrit non appelé. Cette variation apparaît à part, juste avant la variation du capital souscrit, appelé, non versé.

S'ils ne présentent pas un caractère momentané, les concours bancaires courants sont à considérer dans la partie financement (augmentation des dettes financières), sinon ils font partie de la trésorerie passive.

Les VMP sont assimilées à des disponibilités dans la mesure où elles sont disponibles. Elles sont prises en compte pour leur montant net.

À l'actif, on retient les montants nets pour calculer la variation du BFR lié à l'activité, la variation du BFR lié à l'investissement et le taux d'ouverture et de clôture (VMP).

▶ **Exemple**

L'exemple de la société Rosert (↪ fiche 13) est complété par les informations suivantes :

– Éléments de calcul du BFR (en k€)

Postes de l'actif circulant	Brut N	Net N	Brut N–1	Net N–1
Stocks	135	115	95	95
Clients et comptes rattachés	555	527	445	423
Autres créances d'exploitation	55	55	30	30
VMP	97	90	40	36

– Les VMP sont assimilées à des disponibilités.
– Les autres dettes hors exploitation sont de 3 k€ fin N (dette d'IS) ; 0 fin N–1.
– Dotations aux dépréciations de l'actif circulant en N : 49 k€ (dont 7 sur VMP)
– Reprises sur dépréciations de l'actif circulant en N : 20 k€ (dont 4 sur VMP)
– CBC fin N (pour une durée supérieure à 3 mois) : 320 k€ ; CBC fin N–1 : 0.

Tableau de flux de trésorerie de l'OEC de l'exercice N (option 1)

ACTIVITÉ (option 1)		
	Résultat de l'exercice	750
+	Amortissements, dépréciations et provisions (dotations nettes des reprises) [1]	1 171
+	VCEAC	75
–	PCEA	– 160
–	Quote-part des subventions d'investissement virée au résultat	0
=	**Marge brute d'autofinancement**	1 836
–	Variation du BFR lié à l'activité	– 194
=	**Flux net de trésorerie lié à l'activité (A)**	**1 642**
INVESTISSEMENT		
	Cessions d'immobilisations incorporelles	
+	Cessions d'immobilisations corporelles	145
+	Cessions ou réductions d'immobilisations financières	15
–	Acquisitions d'immobilisations incorporelles	
–	Acquisitions d'immobilisations corporelles	– 6 275
–	Acquisitions d'immobilisations financières	– 450
–	Variation des créances et dettes sur immobilisations	– 55
=	**Flux net de trésorerie lié aux opérations d'investissement (B)**	**– 6 620**
FINANCEMENT		
	Augmentation de capital	2 800
–	Réduction de capital	
–	Dividendes versés	– 420
+	Augmentation des dettes financières	3 320
–	Remboursement des dettes financières	– 930
+	Subventions d'investissement reçues	
–	Variation du capital souscrit non appelé	
–	Variation du capital souscrit, appelé, non versé	
=	**Flux net de trésorerie lié aux opérations de financement (C)**	**4 770**
VARIATION DE LA TRÉSORERIE (A + B + C)		**– 208**
Trésorerie d'ouverture (D)		137
Trésorerie de clôture (A + B + C + D)		– 71

3 Le commentaire du tableau de financement

Il s'agit de procéder à une analyse dynamique des flux de fonds ou flux de trésorerie potentiels.

La première partie du **tableau de financement** permet l'analyse :

- Des sources de financement auxquelles l'entreprise a eu recours (côté ressources durables) :
– les ressources internes : CAF, cessions d'éléments d'actifs ;
– les ressources externes : augmentation de capital, augmentation des dettes financières.
- Des emplois stables pour apprécier :
– la politique de distribution de dividendes ;
– la stratégie de croissance menée par l'entreprise : croissance interne en cas d'acquisition d'immobilisations corporelles ou croissance externe en cas d'acquisition d'immobilisations financières ;
– la politique d'endettement/désendettement. Si les remboursements de dettes sont supérieurs aux augmentations de dettes, l'entreprise se désendette et inversement.
- Et de l'amélioration ou la dégradation de l'équilibre financier à long terme (Δ FRNG).

Dans le cas d'une augmentation excessive du BFRE, la deuxième partie du tableau de financement permet de repérer les composantes problématiques et facilite ainsi la mise en œuvre de décisions correctives.

4 Le commentaire du tableau de flux de trésorerie

Il s'agit de réaliser une analyse dynamique à partir des flux de trésorerie réels.

Le **tableau de flux de trésorerie** fournit une information sur la capacité de l'entreprise à générer des liquidités et sur l'utilisation qu'elle en a fait au cours de l'exercice écoulé. Son examen donne donc des indications sur :

– la trésorerie dégagée par l'activité courante, son aptitude à financer les investissements et sa capacité à supporter le poids de la dette ;
– les stratégies suivies en matière d'investissement (croissance interne ou externe) et de financement (ressources internes ou externes) ainsi que leur impact sur la trésorerie ;
– un éventuel risque de défaillance.

LE + DE L'EXPERT

Dans un diagnostic financier, les phases calculatoires et analytiques sont aussi importantes l'une que l'autre.

16 La valeur et la capitalisation

Mots-clés

Capitalisation • Cote • Intérêts simples • Intérêts composés • Taux annuel • Taux nominal • Taux réel • Valeur acquise • Valeur de marché • Valeur d'usage • Valeur historique

1 La valeur et les notions connexes

A. La valeur

Définition

La **valeur** correspond à ce que vaut un bien selon l'estimation que l'on peut en faire à un instant donné.

La valeur d'un bien ou d'un capital varie en fonction du temps ou de l'usage ou des croyances ou encore des informations disponibles.

Définitions

- La **valeur d'usage** est fonction de l'utilité attendue d'un bien ou d'un service.
- La **valeur historique** correspond à la valeur passée (valeur initiale ou enregistrée).
- La **valeur de marché** est déterminée sur un marché à un instant donné (valeurs mobilières, marchandises, métaux, etc.).

La valeur de marché est très fluctuante.

B. La valeur d'un actif financier

La valeur d'un titre coté

Définition

La **cote** (ou le cours) est la valeur attribuée par le marché financier (la Bourse) en fonction de l'offre et de la demande.

L'offre et la demande sont déterminées par plusieurs facteurs.

On parle alors de **valeur de marché**.

Si les cours atteignent un niveau excessif, on parle de bulle financière.

La valeur d'un capital

Le temps affecte la valeur d'un capital.

▶ **Exemple**

Il vaut mieux avoir un euro aujourd'hui qu'un euro dans un an, surtout dans un contexte inflationniste. Cet euro peut être placé et rapporter des intérêts. Cette rémunération est la contrepartie logique au renoncement à une utilisation immédiate. Un euro placé à 3 % vaudra 1,03 euro au bout d'un an. ◀

Il n'est pas possible de comparer directement des sommes attachées à des dates différentes ; la comparaison nécessite un calcul financier (capitalisation ou actualisation).

C. Le taux

Le taux annuel

Le taux donné est généralement un **taux annuel**. Toutefois, si le calcul doit être effectué sur des périodes inférieures à l'année (mois, trimestre, etc.), le taux correspondant sera calculé proportionnellement au taux annuel.

▶ Exemple

Soit un taux annuel de 6 % ; calculer le taux mensuel et le taux trimestriel proportionnels.

- Taux mensuel proportionnel : 6 % × 1/12 = **0,05** %
- Taux trimestriel proportionnel : 6 % × 3/12 = **1,5** % ◀

Le taux nominal

Le taux utilisé pour effectuer les calculs est toujours un **taux nominal**. Or, il se trouve que le gain obtenu (en cas de placement) ne correspond pas au gain réel à cause de l'inflation qui ampute une partie des sommes placées. Le **taux réel** peut être déterminé par élimination de l'inflation. Le taux réel est inférieur au taux nominal.

Définition

Le taux d'intérêt réel est le taux d'intérêt nominal corrigé de l'inflation.

D. Les intérêts simples et les intérêts composés

Le type de calcul des intérêts dépend de la durée du placement : en fonction de la durée, on parle d'**intérêts simples** ou d'**intérêts composés**.

Intérêts simples et composés

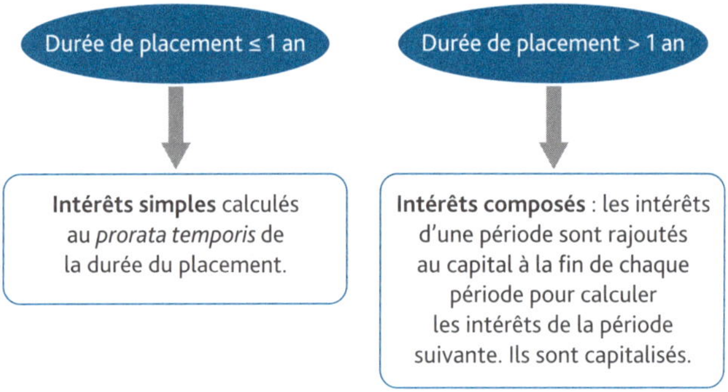

2 La capitalisation

Définition

La **capitalisation** consiste à calculer la valeur future (ou acquise) par un capital placé pendant *n* périodes à un certain taux.

La période peut être l'année, le trimestre ou le mois.

A. La capitalisation d'une somme unique *C* placée au taux *t*, pendant *n* périodes

$$C_n = C\,(1 + t)^n$$

▶ Exemple

Une somme de 10 000 est placée au taux de 3 % pendant 6 ans. Quelle est la valeur acquise à la fin du placement ?

- Valeur acquise = 10 000 $(1{,}03)^6$ = 11 940,52
- Intérêts = 11 940,52 – 10 000 = 1 940,52 ◂

B. La capitalisation d'une suite de *n* sommes constantes *a*, versées en fin de période

La **valeur acquise** totale correspond à la somme des valeurs acquises par chacune des sommes :

$$V_n = a + a\,(1 + t) + \ldots + a\,(1 + t)^{n-2} + a\,(1 + t)^{n-1}$$

- *n* = nombre de sommes constantes versées en fin de période
- *t* = taux correspondant à la période retenue
- *a* = montant versé *à la fin de chaque période*

C'est une suite géométrique (premier terme : *a* ; nombre de termes : *n* ; raison : (1 + *t*).

$$V_n = a \times \frac{(1+t)^n - 1}{t}$$

En cas de versement des annuités en début de période, il faut adapter la formule ci-dessus.

C. La capitalisation d'une suite de sommes non constantes (versées en fin de période)

Il n'est plus possible d'appliquer les formules avec des sommes non constantes ; il faut calculer la valeur acquise par chaque somme séparément.

▶ Exemple

Les sommes suivantes sont placées au taux de 3 % pour les durées indiquées sur le schéma.

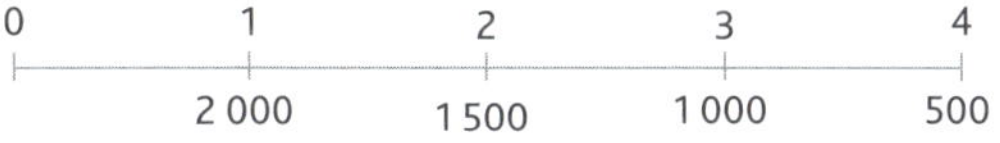

Valeur acquise totale V_n = 2 000 $(1{,}03)^3$ + 1 500 $(1{,}03)^2$ + 1 000 (1,03) + 500 = 5 306,80
Intérêts = 5 306,80 – (2 000 + 1 500 + 1 000 + 500) = 306,80 ◂

LE ✚ DE L'EXPERT

Le taux utilisé doit correspondre à la période (taux mensuel si la période de calcul est le mois), *n* doit correspondre à la durée du placement.

17 L'actualisation et le taux d'actualisation

Mots-clés

Actualisation • Taux d'actualisation • Valeur actuelle

Définition

Actualiser revient à déterminer la **valeur aujourd'hui** (la **valeur actuelle**) d'une somme ou d'une suite de sommes dont on connaît le montant à une date ultérieure.

Principe de l'actualisation

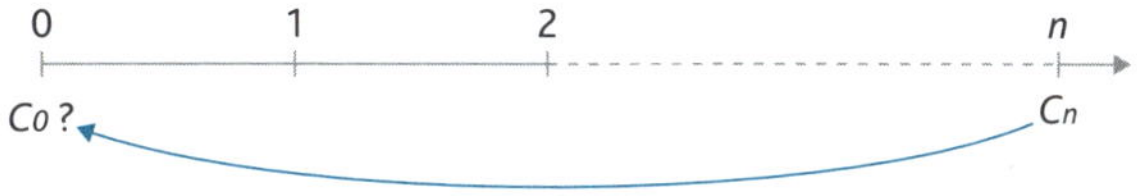

Les situations exigeant un calcul d'**actualisation** sont très fréquentes en finance :
– pour connaître l'équivalent actuel d'une ou plusieurs sommes attendues dans le futur ;
– pour trouver le taux de rendement d'une opération de placement (↪ fiche 18) ;
– pour évaluer la rentabilité d'un projet d'investissement ;
– pour comparer des sommes attachées à des dates différentes.

1 L'actualisation d'une somme unique

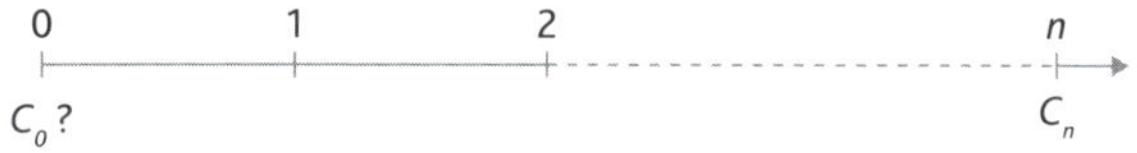

$$C_0 = C_n\,(1+t)^{-n}$$

- C_n = valeur d'un capital dans n périodes
- t = **taux d'actualisation**
- C_0 = valeur actuelle (valeur aujourd'hui) de ce capital

▶ **Exemple**

Soit un capital de 2 000 € à percevoir dans 2 ans. Quelle est la valeur de ce capital aujourd'hui (la date 0) si l'on retient un taux d'actualisation de 3 % ?

On peut dire que la valeur aujourd'hui (C_0) placée à 3 % doit donner 2 000 € au bout de 2 ans, d'où :

$$C_0\,(1{,}03)^2 = 2\,000 \Rightarrow C_0 = \frac{2\,000}{1{,}03^2} = 2\,000 \times (1{,}03)^{-2} = 1\,885{,}19\ €$$

Si l'on retient un taux de 3 %, il est équivalent de disposer de 1 885,19 € aujourd'hui ou de 2 000 € dans 2 ans. On peut dire aussi que si l'on place 1 885,19 € aujourd'hui pour recevoir 2 000 € dans 2 ans, cela revient à faire un placement dont le taux de rendement est de 3 %. ◀

2 L'actualisation d'une suite de *n* sommes constantes versées en fin de période

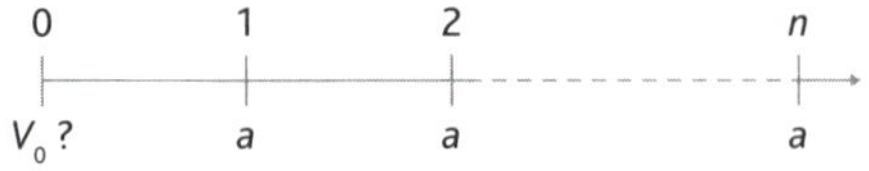

Il faut actualiser chaque somme en fonction de sa date.

La valeur actuelle des *n* versements constants est :

$$V_0 = a\,(1+t)^{-1} + a\,(1+t)^{-2} + \ldots + a\,(1+t)^{-(n-1)} + a\,(1+t)^{-n}$$

- a : montant de l'annuité constante versée en fin de période
- n : nombre de versements (et, en principe, de périodes)
- t : taux d'actualisation retenu
- V_0 : valeur de l'ensemble des annuités à la date 0

C'est une suite géométrique, ce qui permet d'aboutir à la formule suivante :

$$V_0 = a \times \frac{1-(1+t)^{-n}}{t}$$

3 La relation entre taux d'actualisation et valeur actuelle

Valeur actuelle d'une somme valant 10 000 dans 10 ans

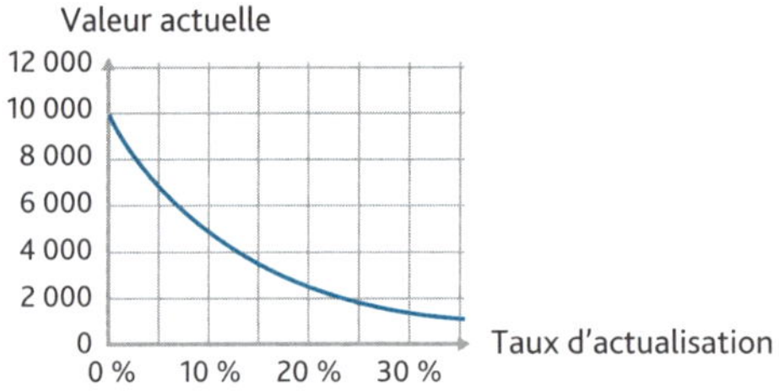

La baisse de la valeur actuelle est d'autant plus importante que le taux d'actualisation et la durée sont plus grands. Par conséquent, le choix du taux d'actualisation est une décision fondamentale qui a un impact sur le résultat du calcul.

4 Le choix du taux d'actualisation

Le choix d'un taux d'actualisation dépend de la finalité du calcul.

- Placement financier : on utilise les taux en vigueur pour ce type d'opération. Les taux étant très bas, on utilisera un taux faible (ex. : taux des bons du Trésor). Dans les périodes ou les pays où l'inflation est importante, les taux utilisés sont plus élevés.
- Projet d'investissement : plusieurs facteurs sont à considérer, notamment le niveau de risque du projet (↳ fiche 23).

LE + DE L'EXPERT

Quand les sommes versées ne sont pas constantes, il faut les actualiser séparément et la formule pour calculer V_0 ne peut plus être utilisée.

18 Le taux de rendement actuariel et les annuités d'emprunt

Mots-clés

Annuité d'emprunt • Placement net • Taux de rendement actuariel brut

1 Le taux de rendement actuariel

Définition

Le **taux de rendement actuariel** *t* d'un placement correspond au **gain réel** obtenu de ce placement exprimé sous la forme d'un taux annuel.

Pour ce taux, il y a équivalence entre la somme placée (ou investie) à la date 0, et la valeur actuelle des flux reçus en contrepartie (calculée à ce taux).

Le taux de rendement actuariel est un instrument de comparaison entre placements et donc un outil de décision.

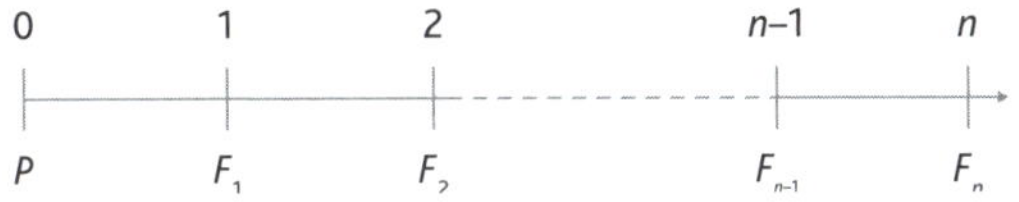

Avec :

- P : le montant du **placement** (ou de l'investissement) **net**
- F_i : le flux attendu à la fin de la période i
- n : le nombre de flux à considérer
- t : le taux de rendement cherché

La relation d'équivalence s'écrit (à la date 0, date du placement) :

$$P = F_1(1+t)^{-1} + F_2(1+t)^{-2} + \ldots + F_n(1+t)^{-n}$$

▶ Exemple 1

Monsieur Chidi prête 10 000 € à un ami. Celui-ci lui propose de lui verser 11 000 € dans 3 ans. À quel taux ce prêt a-t-il été consenti ?
Soit t le taux cherché. On peut écrire :
$10\,000 = 11\,000\,(1+t)^{-3} \Rightarrow 1{,}1 = (1+t)^3 \Rightarrow t = (1{,}1)^{1/3} - 1$
$t = 3{,}23\ \%$
Connaissant le taux de l'opération, M. Chidi peut comparer ce taux à celui d'autres placements et juger s'il lui semble satisfaisant ou non. ◀

▶ Exemple 2

Soit un investissement de 2 000 € sur une durée de 2 ans donnant lieu à un versement de 60 € à la fin de chaque année.
Soit t le taux de rendement actuariel de l'opération :
$2\,000 = 60\,(1+t)^{-1} + 2\,060\,(1+t)^{-2}$
$t = 3\ \%$ ◀

2 Les annuités *a* d'un emprunt E

La formule donnant V_0 permet de calculer le montant de l'**annuité** (ou mensualité) constante de remboursement d'un emprunt E (↳ **fiche 26**).

On a :

E = ∑ annuités constantes de remboursement actualisées au taux *i* de l'emprunt E

$$\text{Montant de l'emprunt E} = a \times \frac{1-(1+i)^{-n}}{i}$$

$$\text{Montant de l'annuité } a = \text{E} \times \frac{i}{1-(1+i)^{-n}}$$

LE + DE L'EXPERT

Pour calculer le taux de rendement réel de l'opération, il faut prendre le montant net du placement (après déduction des frais éventuels).

19 Le besoin en fonds de roulement normatif : présentation

Mots-clés

Besoin de financement • BFR • BFRE moyen • BFRE normatif • FRNG • Stocks

1 Le besoin en fonds de roulement d'exploitation (BFRE)

Définition

Le **BFR** est égal à la somme des besoins en fonds de roulement d'exploitation (BFRE) et hors exploitation (BFRHE) (↪ **fiche 5**).

Dans un contexte prévisionnel, le BFRHE est le plus souvent ignoré. En principe, il est peu important et les postes qui le constituent sont difficiles à prévoir.

Le calcul normatif du BFR porte sur les seuls postes d'exploitation.

A. Les postes déterminant le BFRE

Une créance, même si elle est certaine, n'est pas souvent réglée tout de suite par le client.

Les **stocks** ne sont pas utilisés ou vendus immédiatement et restent dans l'entreprise un temps plus ou moins long.

Ces décalages entraînent un **besoin de financement**. En principe ce besoin est en partie financé par le poste fournisseurs et les dettes à court terme (comme la TVA à décaisser).

Financement du BFRE

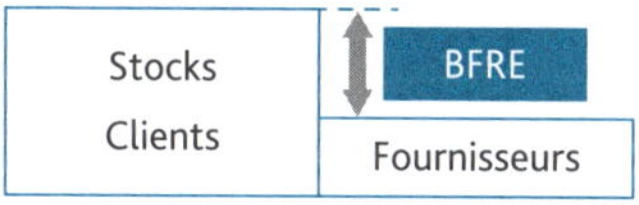

Le BFRE est le besoin restant à financer. Sa partie stable doit être couverte par des capitaux permanents, c'est-à-dire par le fonds de roulement net global (**FRNG**).

B. L'importance du BFRE

Le montant du FRNG doit être adapté à celui du BFRE sinon l'entreprise est susceptible de présenter des problèmes de trésorerie récurrents :

- BFRE > FRNG → Trésorerie négative
- BFRE < FRNG → Trésorerie positive

C. La variabilité du BFRE

Le BFRE varie constamment en fonction des stocks, des créances et dettes d'exploitation.

Variation du BFRE

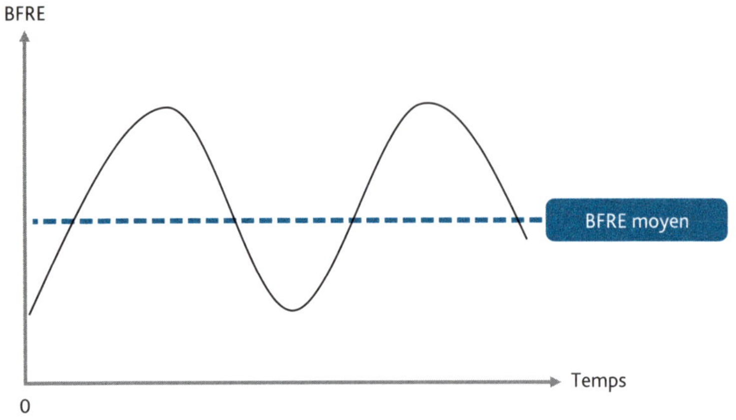

Il est important de connaître le montant moyen du BFRE, notamment pour déterminer le niveau souhaitable du FRNG.

2 Le BFRE normatif

Définition

Le niveau moyen du BFRE est appelé besoin en fonds de roulement d'exploitation normatif (**BFRE normatif**). Il est exprimé en jours de CAHT.

On peut calculer le montant moyen pour chaque poste entrant dans le calcul du BFRE mais cela donne peu d'informations intéressantes, d'où la mise au point d'une méthode plus complète, utilisée

Le montant moyen de chaque poste est exprimé en jours de CAHT en le décomposant en deux éléments :

Montant moyen du poste P =
Temps d'écoulement (TE) × Coefficient de structure (CS)

Le BFRE normatif est obtenu en calculant ces deux éléments pour chaque poste relevant du BFRE puis en cumulant les montants moyens de chaque poste exprimé en jours de CAHT (↪ fiche 20).

LE + DE L'EXPERT

La méthode de calcul complète du BFRE normatif, dite « méthode indirecte », fondée sur le temps d'écoulement et le coefficient de structure est utilisée par les experts-comptables.

20 Le besoin en fonds de roulement normatif : calcul

Mots-clés

Coefficient de structure • Durée d'écoulement des stocks • Durée du crédit • Temps d'écoulement

Chaque poste du BFRE est décomposé en deux éléments (↪ fiche 19).

Poste en jours de CAHT = Temps d'écoulement (TE) × Coefficient de structure (CS)

1 Les temps d'écoulement (TE)

Pour simplifier, on considère que l'activité est régulière et que **1 an = 360 jours**.

Définition

Le **temps d'écoulement** est la durée pendant laquelle un produit reste en magasin avant d'être utilisé ou vendu.

A. Le temps d'écoulement des stocks

Pour calculer la **durée d'écoulement des stocks**, on raisonne à partir du stock moyen :

$$\frac{\text{Stock initial} + \text{Stock final}}{2}$$

▶ Exemple

$$\text{TE} = \frac{\text{Stock moyen des matières premières (MP)}}{\text{Coût d'achat des MP utilisées par jour}} = \frac{\text{Stock moyen des MP} \times 360}{\text{Coût d'achat des MP utilisées dans l'année}}$$ ◀

Principaux taux d'écoulement de stocks

Stocks	Temps d'écoulement
Marchandises	$\frac{\text{Stock moyen de marchandise} \times 360}{\text{Coût d'achat des marchandises vendues}}$
Matières premières	$\frac{\text{Stock moyen des MP} \times 360}{\text{Coût d'achat des MP utilisées}}$
En-cours	$\frac{\text{Stock moyen d'en-cours} \times 360}{\text{Coût de production des en-cours}}$
Produits finis	$\frac{\text{Stock moyen de produits finis} \times 360}{\text{Coût de production des produits finis fabriqués}}$

On compare le stock moyen à la vente par jour ou à la consommation par jour et on voit combien de temps dure le stock.

▶ **Exemple**

On vous fournit les informations suivantes :
Achats HT de marchandises pour l'année : 260 000 ; SI : 42 000 ; SF : 44 000
Calculer le TE du stock de marchandises.

Stock moyen de marchandises = $\frac{42\,000 + 44\,000}{2}$ = 43 000

Coût d'achat des marchandises vendues pendant l'année : 260 000 + 42 000 – 44 000 = 258 000

$TE = \frac{43\,000 \times 360}{2} = 60$ jours

Un article reste en moyenne 60 jours en magasin avant d'être vendu. ◀

B. Les durées moyennes des crédits (clients et fournisseurs)

Le temps d'écoulement pour les postes clients et fournisseurs se calcule par rapport respectivement aux **durées du crédit** client et fournisseur.

Temps d'écoulement selon les délais de paiement

Délai de paiement accordé	Temps d'écoulement Client	Temps d'écoulement Fournisseur
n jours	*n* jours	*n* jours
30 jours	15 jours	15 jours
30 jours fin de mois	45 jours : $\frac{30 + 60}{2}$	45 jours
Si calcul	$\frac{\text{Clients + Effets à recevoir + EENE} \times 360}{\text{CATTC}}$	$\frac{\text{Fournisseurs} \times 360}{\text{Achats TTC}}$

C. La TVA à payer

On limite les calculs à la TVA à payer, ce qui permet d'éviter les postes « TVA collectée » et « TVA déductible ».

La TVA à payer est générée du 1er au dernier jour du mois et est payée le mois suivant.

Le temps d'écoulement de la TVA s'établit en fonction de la durée du crédit TVA.

▶ **Exemple**

Une entreprise paye la TVA le 18 de chaque mois.

Détermination du temps d'écoulement (TE) de la TVA à payer

La TVA à payer du 1er jour est payée 48 jours plus tard
La TVA du dernier jour du mois, 18 jours plus tard
En moyenne, un article reste 33 jours en stock avant d'être vendu.

$TE = \frac{48 + 18}{2} = 33$ jours ◀

2 Les coefficients de structure (CS)

Définition

Le **coefficient de structure** mesure le poids du poste par rapport au CAHT, avec :
– au numérateur du CS : le flux annuel ayant transité par le poste
– au dénominateur du CS : le CAHT.

▶ Exemples

- Stock de marchandises : $\frac{\text{Coût d'achat des marchandises vendues pendant l'année}}{\text{CAHT}}$
- Fournisseurs : $\frac{\text{Achats TTC de l'année}}{\text{CAHT}}$ ◀

3 Le calcul du BFRE normatif

Il faut regrouper tous les calculs dans un tableau regroupant tous les postes du BFRE.

▶ Exemple

La société Piz vous communique les informations suivantes (sommes en k€) relatifs à l'exercice N :
– Achats HT de marchandises : 10 000
– SI de marchandises : 1 200
– SF de marchandises : 1 400
– CAHT : 20 000
– Crédit clients : 30 jours
– Crédit fournisseurs : 20 jours
– Taux de TVA sur les achats et les ventes : 20 %
– Date de règlement de la TVA : le 20 de chaque mois
Calculer le fonds de roulement normatif de la société

Calculs préalables

- **Stock de marchandises**

Stock moyen de marchandises = $\frac{1\,200 + 1\,400}{2} = 1300$

$$TE = \frac{1\,300 \times 360}{10\,000 + 1\,200 - 1\,400} = 47{,}76 \text{ jours}$$

$$CS = \frac{10\,800}{20\,000} = 0{,}54$$

– TVA

$$TE = \frac{20 + 50}{2} = 35 \text{ jours}$$

TVA à décaisser pour l'année = (20 000 – 10 000) × 0,2 = 2 000

$$CS = \frac{2\,000}{20\,000} = 0{,}1$$

– Clients

$$CS = \frac{20\,000 \times 1{,}20}{20\,000} = 1{,}20$$

- **Fournisseurs**

$$CS = \frac{10\ 000 \times 1{,}20}{20\ 000} = 0{,}60$$

Tableau récapitulatif

Postes	TE	CS	TE × CS
Actif			
• Stock de marchandises	47, 76	0,54	25,79
• Clients	30	1,20	36
Passif			
• Fournisseurs	20	0,6	12
• TVA à décaisser	35	0,1	3,5
BFRE			**46,29**

Conclusion

Le BFRE est de 46,29 jours de CAHT, soit environ 2 572 k€. ◂

4 L'intérêt du calcul normatif

Le BFRE normatif permet de détecter des anomalies (↪ fiche 21) et d'effectuer des prévisions pour établir le plan de financement (↪ fiches 37 et 38) ou évaluer les projets d'investissement (↪ fiche 23).

▸ Exemple

La société Piz prévoit un chiffre d'affaires de 24 000 k€ en N+1. Quel sera le BFRE moyen ?

$$BFRE\ (N+1) = \frac{24\ 000 \times 46{,}29}{360} = 3\ 152{,}67\ k€$$ ◂

LE + DE L'EXPERT

Le coefficient de structure est toujours exprimé en pourcentage du chiffre d'affaires hors taxes.

21 La gestion du besoin en fonds de roulement

Mots-clés

Cycle d'exploitation • Effet de ciseaux

1 Le niveau du BFRE

A. Les contraintes

Le niveau du BFRE dépend d'un certain nombre de contraintes qui s'imposent à l'entreprise.

La durée du cycle d'exploitation

Définition

Le **cycle d'exploitation** recouvre l'ensemble des opérations depuis les achats jusqu'à l'encaissement des ventes. Il correspond à trois phases successives : achats, production et commercialisation.

Il dépend beaucoup du type d'activité. Le BFRE est plus grand quand le cycle d'exploitation est plus long.

▶ Exemples

– Industries agroalimentaires ou textiles ou mécaniques : 1 mois < BFRE < 2 mois
– Hôtellerie ou distribution alimentaire : négatif < BFRE < 15 jours ◀

La saisonnalité

Le niveau du BFRE varie beaucoup en fonction de la saisonnalité de l'activité.

B. L'évolution du BFRE dans certaines situations

En cas de croissance

Le BFR devrait évoluer parallèlement à l'activité ; il croît souvent plus vite que le chiffre d'affaires. L'entreprise peut alors voir une diminution de l'ETE alors que le chiffre d'affaires augmente, mais aussi le BFRE. C'est l'**effet de ciseaux**.

En période de récession

Le BFR ne diminue pas ou moins que proportionnellement au CAHT car les mesures de restriction ne sont pas immédiatement suivies d'effets. Il en résulte une dégradation de la trésorerie.

2 L'optimisation du BFRE

A. L'intérêt du calcul normatif

La comparaison du BFRE normatif avec les normes du secteur d'activité de l'entreprise est intéressante et recommandée. Un écart trop important justifie la mise en place d'actions portant sur les postes présentant des anomalies.
Le calcul normatif fournit des informations utiles pour réduire le BFRE.

B. Le contrôle et la réduction de postes

Les postes prépondérants du BFRE sont repérés en examinant les coefficients de structure ainsi que les temps d'écoulement. Le dirigeant peut ainsi situer les domaines dans lesquels les actions à entreprendre se révèleront les plus efficaces.

Stocks

La réduction du poste Stocks peut provenir de différentes mesures :

- approvisionnements plus fréquents ;
- élimination des stocks inutiles ;
- application du juste-à-temps ;
- utilisation de matières moins coûteuses ;
- réduction de la durée du processus de production, etc.

Clients

On peut :

- améliorer le recouvrement des créances clients (meilleur suivi des clients avec relance en cas d'impayé, meilleure gestion des litiges, etc.) ;
- optimiser les moyens de paiement (prélèvement automatique, etc.) ;
- accorder des escomptes de règlement (diminution du montant dû par le client en cas de paiement comptant ou en cas de règlement anticipé).

Fournisseurs

L'augmentation du temps d'écoulement du poste Fournisseurs peut être obtenue en négociant une durée de crédit plus favorable auprès des fournisseurs de l'entreprise.

▶ Exemple

La société Piz vous communique les informations suivantes :

Postes	TE	CS
Stocks	40	0,30
Clients	45	1,20
Fournisseurs	20	0,40

BFRE = 42 jours de CAHT

La société a réussi à réduire le crédit clients de 4 jours, le temps d'écoulement des stocks de 3 jours et à augmenter le crédit fournisseurs de 5 jours.

Quel est le nouveau BFRE ?

Les 3 actions aboutissent à la réduction du BFRE.

$3 \times 0,30 + 4 \times 1,20 + 5 \times 0,40 = 7,7$ jours de réduction.

BFRE après corrections = 42 – 7,7 = **34,3 jours de CAHT** ◀

LE ✚ DE L'EXPERT

Le BFRE normatif est structurel ; le BFR constaté est circonstanciel.

22 Les projets d'investissement : caractéristiques

Mots-clés

CAF d'exploitation • Capital investi • Flux net d'exploitation • Types d'investissement • Valeur résiduelle • Variation du BFRE

Définition

L'investissement consiste à engager un capital dans une opération dont on attend des gains futurs, avec un objectif de **création de valeur**.

1 Les types d'investissement

Il existe différents **types d'investissements**, qui peuvent être triés selon différents critères.

Typologie d'investissements

Selon la nature	Selon l'objectif
• Incorporels : formation, recherche, publicité, etc. • Corporels : bâtiments, matériels, véhicules, etc. • Financiers : titres de participation, etc.	• Investissement de remplacement • Investissement de productivité • Investissement d'expansion • Investissement de diversification

Quel que soit le type de projet d'investissement retenu, la première étape de l'étude de rentabilité consiste à recenser les caractéristiques de ce projet.

2 Le montant investi C_i

Capital investi C_i = Prix d'achat HT (ou coût de production HT) des immobilisations + Frais accessoires HT (frais d'installation, de transport, etc.) + Augmentation du BFRE

En général, l'investissement se traduit par une augmentation du niveau d'activité (du chiffre d'affaires, des stocks, des créances clients, etc.) et donc par celle du BFRE.

L'argent mobilisé pour financer cette augmentation est considéré comme investi. Cette augmentation du BFRE doit donc être rajoutée au capital investi.

Les sommes investies dans l'augmentation du BFRE sont censées être récupérées à la fin de la durée considérée et doivent donc être rajoutées au dernier **flux net d'exploitation**.

3 Les CAF d'exploitation générées par l'investissement

CAF d'exploitation = Recettes supplémentaires – Dépenses supplémentaires } générées par le projet d'investissement

CAHT supplémentaire	–Charges d'exploitation supplémentaires HT (sauf dotations)
	–IS
	= CAF d'exploitation

La **CAF d'exploitation**, calculée chaque année, est :

- nette d'IS (l'impôt supplémentaire figure dans les dépenses) ;
- calculée à partir des seuls postes d'exploitation ;
- générée tout au long de l'exercice, mais pour simplifier les calculs on considère qu'elle est produite en fin d'exercice.

CAF d'exploitation = Résultat net + Dotations

ou

CAF d'exploitation = EBE – IS

▶ Exemple

La société Fennel envisage la réalisation d'un projet d'investissement avec les conditions d'exploitation suivantes sommes en k€) :

	1	2	3	4
CAHT	3 200	3 600	3 800	3 800
Charges d'exploitation HT	1600	1800	1900	1900
Dotations	1100	1100	1100	1100

Taux de l'IS : 28 %

Calcul des CAF d'exploitation pour les années 1 à 4

– À partir du résultat net

	1	2	3	4
Résultat avant IS	500	700	800	800
IS	140	196	224	224
Résultat net d'IS	360	504	576	576
Dotations	1100	1100	1100	1100
CAF d'exploitation	1460	1604	1676	1676

– À partir de l'EBE

	1	2	3	4
EBE (CAHT – Charges d'exploitation)	1600	1800	900	1900
IS	140	196	224	224
CAF d'exploitation	1460	1604	1676	1676

4 La durée d'exploitation

On retient une durée permettant de réaliser des prévisions significatives ; cette durée est généralement inférieure à la durée de vie économique du projet.

Cette durée est donnée dans les épreuves.

5 La valeur résiduelle

Définition

La **valeur résiduelle** est la valeur attribuée à l'investissement à la fin de la durée retenue pour le calcul de la rentabilité.

Elle correspond au prix que l'on pourrait espérer de la cession de l'investissement (montant net d'IS).

Elle est souvent négligée du fait de la difficulté pour en déterminer le montant.

La valeur résiduelle est rajoutée à la dernière CAF d'exploitation.

6 Les flux nets de trésorerie

Définition

Les flux nets de trésorerie sont les CAF d'exploitation, complétées par les **Δ BFRE** et la valeur résiduelle.

	1	…	N
CAF d'exploitation + Δ BFRE + Valeur résiduelle − Δ BFRE			
Flux nets de trésorerie			

C'est sur la base de ces flux annuels de trésorerie **prévisionnels** que les calculs de rentabilité vont être réalisés (↳ **fiche 23**).

LE + DE L'EXPERT

Si le CAHT varie au cours du projet, le BFRE varie également.

23 Les projets d'investissement : sélection

Mots-clés

Actualisation • Délai de récupération • Évaluation • Flux • Indice de profitabilité • Taux de rejet • Taux de rentabilité interne • TRI • Valeur actuelle nette

1 L'évaluation financière d'un projet d'investissement

Définition

L'**évaluation** d'un investissement consiste à comparer le montant investi (C_i) à l'ensemble des flux nets de trésorerie attendus en échange.

Les **flux** étant étalés dans le temps, il est nécessaire de procéder à leur **actualisation** à la date 0 (date de l'investissement).

Principe d'évaluation financière d'un projet d'investissement

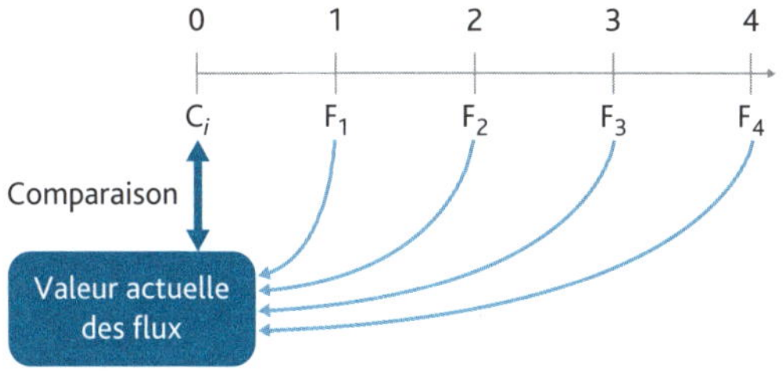

Plusieurs critères permettant d'actualiser les flux.

2 La valeur actuelle nette

Définition

La **valeur actuelle nette** (VAN) est la différence entre la valeur actuelle des flux de trésorerie et le capital investi.

On calcule la VAN à la date de l'investissement (date 0).

$$VAN = \sum_{p=1}^{n} F_p (1+t)^{-p} - C_i$$

La VAN correspond à l'enrichissement (ou création de valeur) attendu du projet.

Interprétation de la valeur nette actuelle

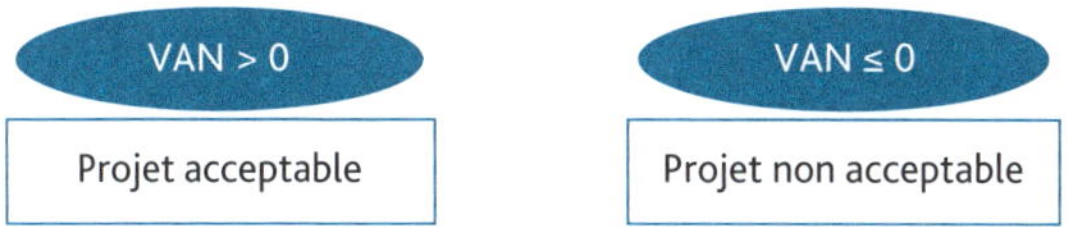

La valeur actuelle dépend du taux d'actualisation retenu pour les calculs (↪ fiche 16). Le taux d'actualisation a donc un impact sur l'acceptation ou le rejet du projet.

3 Le taux de rentabilité interne

Définition

Le **taux de rentabilité interne** (TRI) est le taux pour lequel il y a équivalence entre le capital investi et les flux nets de trésorerie actualisés à ce taux.

On le calcule à la date de l'investissement (date 0).

$$C_i = \sum_{p=1}^{n} F_p (1+t)^{p}$$

▶ **Exemple**

Soit un projet d'investissement d'un montant de 90 000 € et d'une durée de 5 ans.

Les flux nets de trésorerie attendus sont les suivants :

	1	2	3	4	5
Flux nets	26 000	26 000	26 000	20 000	20 000

Soit x le taux cherché :

$$90\,000 = 26\,000\,(1+x)^{-1} + 26\,000\,(1+x)^{-2} + 26\,000\,(1+x)^{-3} + 20\,000\,(1+x)^{-4} + 20\,000\,(1+x)^{-5}, \textit{ d'où } x = 10{,}3\ \%$$ ◀

Interprétation du taux de rentabilité interne

TRI ≥ Taux de rejet	TRI < Taux de rejet
Projet acceptable	Projet non acceptable

Le **taux de rejet** correspond au coût du capital (↪ fiche 24).

Définition

Par définition, le **TRI** est le taux pour lequel la VAN est égale à 0.

Le TRI est le taux maximum que l'entreprise peut accepter de supporter pour financer le projet d'investissement, avant qu'il ne soit considéré comme non rentable.

4 Le délai de récupération *d* du capital investi

Définition

Le **délai de récupération** est la durée au bout de laquelle la valeur des flux nets de trésorerie est égale au montant investi.

Il faut cumuler la valeur actuelle des différents flux jusqu'à égaler le montant investi. La durée obtenue ne correspond pas à un nombre entier d'années.

Comme pour la VAN, le résultat est très lié au taux d'actualisation retenu.

$$C_i = \sum_{p=1}^{d} F_p(1+t)^{-p}$$

Interprétation du délai de récupération

$d \leq$ durée fixée par l'entreprise	$d >$ durée fixée par l'entreprise
Projet acceptable	Projet non acceptable

5 L'indice de profitabilité (IP)

Définition

L'**indice de profitabilité** est le rapport entre les flux nets de trésorerie actualisés et le montant investi.

$$IP = \frac{1}{C_i} \times \sum_{p=1}^{n} F_p(1+t)^{-p}$$

Interprétation de l'indice de profitabilité

IP > 1	IP ≤ 1
Projet rentable	Projet non rentable

6 La comparaison des critères

Critère	Objectif
VAN	Recherche de l'avantage absolu global (ou création de valeur) maximum en €
TRI	Recherche de la rentabilité relative. Ce critère permet de comparer des projets dont les montants sont différents.
Délai de récupération	Recherche de la récupération rapide du montant investi pour réduire le risque (éventuellement au détriment de la rentabilité pure).
Indice de profitabilité	Donne la rentabilité pour 1 €. On peut l'utiliser pour classer les projets.

Les critères les plus utilisés sont la VAN et le TRI.

LE + DE L'EXPERT

La VAN dépend de la taille du projet considéré (un projet d'un montant de 100 000 € présente une VAN inférieure à celle d'un projet de 500 000 €). Par conséquent, la VAN ne permet pas de comparer des projets de montants différents.

24 Les projets d'investissement : coût du capital et critères de sélection

Mots-clés

Coût du capital • Projet d'investissement • Taux d'actualisation • TRI global • VAN globale

1 Le coût du capital

Définition

Le **coût du capital** est la **moyenne** arithmétique pondérée des coûts des financements utilisés par l'entreprise.

Pour le calculer, il faut :

- déterminer le coût de chaque financement (capitaux propres, dettes, etc. ↳ fiche 28) ;
- le coût des dettes est net d'IS (puisque les intérêts sont fiscalement déductibles) ;
- calculer leur moyenne pondérée.

▶ Exemple

Soit un financement composé de 60 % de fonds propres au coût de 5 % et d'un endettement au taux de 6 %. IS = 28 %.

Coût du capital = 0,6 × 0,05 + 0,4 × 0,06 (1 – 0,28) = 0,04728 = **4,73 %** ◀

Le coût du capital est d'autant plus élevé que le niveau de risque supporté par l'entreprise est plus grand (les investisseurs et les prêteurs exigent des taux plus élevés quand le risque est plus grand)).

2 Les critères de sélection en cas de résultats contradictoires

L'utilisation de deux critères pour choisir un projet parmi plusieurs possibles peut donner des résultats contradictoires.

Pour résoudre la contradiction et pouvoir faire un choix, on introduit l'hypothèse de réinvestissement à un certain taux des flux générés par les projets et on calcule les critères (VAN et TRI) sur cette base.

A. La VAN globale (VANG)

Le calcul de la **VAN globale** (VANG) s'effectue en deux étapes :

- 1. Calcul de la valeur acquise par les flux placés au taux de réinvestissement.
- 2. Calcul de la VANG.

B. Le TRI global (TRIG)

Pour lever la contradiction, on peut également calculer le taux de rendement interne ou **TRI global** (TRIG). La démarche est la même :

- 1. Calcul de la valeur acquise par les flux placés au taux de réinvestissement.
- 2. Calcul du TRIG.

3 Les critères de sélection non financiers

Le **projet d'investissement** engage l'avenir de l'entreprise sur plusieurs années.

La société doit veiller à son image et surveiller son niveau de risque. Elle doit donc intégrer des critères de sélection non financiers dans son processus de sélection.

A. Le risque économique

On peut mesurer la sensibilité du projet à certains facteurs :
- augmentation du taux d'actualisation ;
- augmentation possible des coûts ;
- apparition de concurrents.

B. La flexibilité

C'est la capacité d'adapter le projet en cas de problème : modification de la taille, du contenu, du calendrier.

C. Le risque technologique

Il existe deux types de risques technologiques :
- le risque de catastrophe industrielle (affaissement, défaut de fonctionnement, etc.) ;
- le risque de maîtrise insuffisante d'une nouvelle technologie.

D. Le risque environnemental

L'activité de l'entreprise a des impacts sur l'environnement et son activité peut être affectée par des évènements environnementaux. Ces risques sont :
- soit internes (eau, air, déchets, bruits, etc.) ;
- soit externes (inondations, tempêtes, etc.).

L'entreprise doit réaliser une étude complète et appliquer la législation en vigueur (nationale et communautaire). Elle doit aussi anticiper les évolutions futures.

E. Le risque social et organisationnel

Chaque changement d'activité ou de technologie a des conséquences.

LE + DE L'EXPERT

En principe, un seul critère global (la VAN ou le TRI) permet de lever la contradiction.

25 Les modes de financement : fonds propres

Mots-clés

Autofinancement • Augmentation de capital • Cession d'éléments de l'actif immobilisé • Subvention d'investissement

1 L'autofinancement

Définitions

- L'**autofinancement** provient des richesses créées et conservées au fil des années dans les réserves de l'entreprise. C'est un mode de financement interne.
- L'entreprise ne conserve pas la totalité des richesses créées, une partie est reversée à ses actionnaires sous forme de dividendes. La partie de la capacité d'autofinancement (CAF, ↳ fiche 3) non distribuée et restant en interne est qualifiée d'autofinancement.

A. Les avantages de l'autofinancement

- L'indépendance financière est préservée puisque la mobilisation de l'autofinancement n'est pas tributaire d'un accord extérieur à l'entreprise, d'où l'autonomie de décision.
- La gouvernance n'est pas modifiée, le nombre d'actionnaires étant inchangé.
- L'utilisation de fonds pour l'autofinancement est rapide et aisée.
- Le recours à l'autofinancement est rassurant auprès des partenaires économiques, des salariés et des investisseurs.
- La capacité d'endettement de l'entreprise reste intacte. L'entreprise peut ainsi se protéger des risques d'un endettement excessif.

B. Les inconvénients de l'autofinancement

- La hauteur de l'autofinancement dans un projet dépend de la situation passée de l'entreprise et de ses réserves.
- L'utilisation des ressources internes peut comporter un risque dans la mesure où cela réduit la capacité de l'entreprise à faire face aux imprévus.
- Le montant disponible pour l'autofinancement est souvent insuffisant à lui seul.
- Le recours à l'autofinancement ne permet pas de bénéficier de déductions fiscales liées aux charges d'intérêts ou de loyers.
- Cela peut traduire un manque de confiance des investisseurs si l'autofinancement est le résultat d'une contrainte.
- Il n'y a pas de coût direct mais néanmoins un coût implicite exigé par les actionnaires.
- Le calcul de l'autofinancement à partir de la CAF n'est qu'un potentiel de liquidités qui peut être mobilisé en partie par l'augmentation du BFR.
- L'utilisation de l'autofinancement peut conduire à négliger le regard à porter sur la réelle création de valeur du projet à financer. L'absence de rentabilité peut à terme

desservir l'entreprise, tant sur ses résultats que sur la revente des actions des actionnaires déçus.

C. Le calcul de l'autofinancement

Le calcul de l'autofinancement s'établit ainsi :

Autofinancement en N = CAF de N – Dividendes distribués en N

▶ **Exemple**

La société SJDC fabrique des chaussures de randonnées pour des pratiques sportives de haut niveau. Le dirigeant, Olivier Rando, souhaite investir dans une machine industrielle permettant de faire des contrôles qualité des chaussures. Le montant de l'investissement est de 290 000 € HT. Il souhaite recourir exclusivement à l'autofinancement. La CAF de l'année N s'élève à 190 862 € et les dividendes distribués ont été cette même année de 57 000 €. L'autofinancement peut-il suffire à financer ce projet ?

- L'autofinancement s'élève à 190 862 € – 57 000 € = 133 862 €.
- L'autofinancement seul ne permet pas de couvrir le montant souhaité par Olivier Rando. ◀

2 Les cessions d'éléments de l'actif immobilisé

Définition

Les **cessions d'éléments de l'actif immobilisé** consistent à vendre des actifs non stratégiques afin de récupérer des fonds destinés à financer un projet d'investissement.

Il peut s'agir de revendre les biens visés par le renouvellement d'immobilisations.
Le choix des actifs revendus peut être une volonté de recentrage des activités.

A. Les avantages des cessions d'éléments de l'actif immobilisé

- Indépendance financière puisque la décision de vendre ces actifs est interne.
- La gouvernance n'est pas impactée car le nombre d'actionnaires n'est pas modifié.
- La capacité d'endettement reste intacte.
- Facilement et rapidement mobilisable dans un contexte de difficulté économique.

B. Les inconvénients des cessions d'éléments de l'actif immobilisé

- Les actifs réellement disponibles pour cette cession peuvent être rares ou inexistants.
- Le délai avant la revente peut être long et dépend d'un acheteur à trouver.
- Le montant dégagé par la vente de ces actifs est souvent insuffisant.
- Une fois la mobilisation de ce mode de financement réalisée, il n'est pas possible d'y recourir de nouveau, les biens ayant disparu du patrimoine de l'entreprise.

▶ Exemple (suite)

Le dirigeant, Olivier Rando, de la société SJDC, envisage la revente de deux terrains situés à Morlaix dont la valeur est estimée à 120 300 € et des titres immobilisés d'une valeur boursière évaluée à 56 410 €. Olivier Rando peut-il financer sur fonds propres son projet ?

– Autofinancement	133 862 €
– Vente des terrains de Morlaix	120 300 €
– Cession des titres immobilisés	56 410 €
– Montant des financements propres	310 572 €

Le projet peut être couvert exclusivement par des financements par fonds propres. ◀

3 L'augmentation de capital

Définition

L'**augmentation de capital** consiste à modifier le capital avec de nouveaux apports.

Les formes de l'augmentation de capital

Apports en numéraire	Apports en nature	Conversion de dettes	Incorporation de réserves
Unique modalité qui apporte de nouvelles ressources financières	Contrepartie des apports d'actifs	Annulation de dette entre la société et son créancier	Incorporation mais pas d'apports de fonds nouveaux

▶ Exemple

La société Connect'In, au capital de 2 500 000 €, souhaite investir dans un atelier de production estimé à 900 000 €. Elle souhaite augmenter son capital au travers d'apports en numéraire à hauteur de 600 000 €, de conversion de dettes fournisseurs en apports de 20 000 € et d'apports en nature (une machine) estimée à 80 000 €.

Le capital social sera alors de 2 500 000 € + 600 000 € + 20 000 € + 80 000 € = 3 200 000 €. ◀

A. Les modalités de l'augmentation de capital en numéraire

Une augmentation de capital en numéraire se matérialise par :

- une prise de décision en assemblée générale extraordinaire d'actionnaires (AGE) ;
- de nouvelles actions émises au même nominal que les anciennes ;
- des frais d'émission à supporter (frais de publication, rémunération d'intermédiaires) ;
- la fixation du prix d'émission ou de souscription (nominal + prime d'émission) ;
- la prime d'émission à recevoir liée à l'existence de réserves auxquels les nouveaux actionnaires vont avoir accès et des plus-values latentes relatives aux actifs ;
- la prime d'émission intégralement libérée à la souscription.

B. Les avantages et inconvénients de l'augmentation de capital en numéraire

Avantages	Inconvénients
• Augmentation des capitaux propres • Amélioration de la capacité d'endettement • Amélioration du FRNG et de l'image financière (garanties pour les tiers) • Fonds disponibles pour des remboursements de dettes	• Modification de la gouvernance • Dilution des bénéfices à court terme • Réussite liée à la situation du marché financier au moment de l'opération • Modification du cours de l'action • Formalités juridiques nombreuses • Trouver des actionnaires disposés à acquérir les nouvelles actions (anciens et/ou nouveaux actionnaires) • Recours renouvelé à ce mode possible que sur des intervalles de périodes assez longs • Accès moins aisé à ce mode de financement par les PME

4 Les subventions ou primes d'investissement

Définition

Les **subventions d'investissement** sont des fonds octroyés par certains organismes.

A. Les caractéristiques des subventions d'investissement

- Les subventions proviennent de fonds européen de développement régional (Feder), de l'État ou de collectivités territoriales.
- Les projets subventionnés sont ceux qui favorisent l'emploi, agissent en faveur de l'investissement dans certaines régions sinistrées ou soutiennent une entreprise.

B. Les avantages et inconvénients des subventions d'investissement

Avantages	Inconvénients
• Sommes appartenant à l'entreprise • Font partie des capitaux propres • Pas d'obligation de remboursement • Ressource sans frais (pas d'intérêts)	• Subvention imposable • Octroi sous conditions à respecter • Démarches administratives longues • Montant des fonds perçus limité

LE + DE L'EXPERT

Attention au signal envoyé aux investisseurs, partenaires, salariés, etc., avec l'arbitrage effectué dans la mobilisation de fonds propres pour répondre aux besoins de financement.

26 Les modes de financement : emprunts

Mots-clés

Emprunt bancaire • Emprunt obligataire • Financement participatif • Obligation • Tableau de remboursement

1 L'emprunt bancaire ou indivis

Définition

L'**emprunt bancaire** ou emprunt indivis, non fractionnable, permet d'obtenir des fonds en provenance d'une banque, d'une société ou de personnes physiques (associés, amis, famille).

A. Les variables de l'emprunt bancaire ou indivis

Les emprunts mobilisent plusieurs variables pour effectuer les calculs de remboursement :

- Montant du capital emprunté
- Taux d'intérêt (en général annuel)
- Durée de remboursement
- Date de début de remboursement (différé possible)

B. Les modalités de l'emprunt bancaire ou indivis

Le remboursement des emprunts peut être effectué selon plusieurs alternatives :

- Remboursement avec amortissements constants : l'annuité est composée d'une partie du capital remboursé identique à chaque échéance et des intérêts dus sur la période.
- Remboursement avec annuités constantes, avec une annuité *a* qui se calcule ainsi :

$$a = \text{montant emprunté} \times \frac{\text{taux d'intérêt}}{1-(1+\text{taux d'intérêt})^{-\text{durée de l'emprunt}}}$$

- Remboursement de l'une ou l'autre de ces modalités mais avec une période de différé pendant laquelle, en général, seuls les intérêts sont versés.
- Remboursement *in fine* : la totalité des fonds empruntés sont remboursés à l'issue de la durée fixée. Les intérêts restent calculés à chaque période sur le montant restant dû.

▶ Exemple

La société Cap'Breiz, fabricant de sacs à dos de randonnée à Brest, souhaite investir dans une machine industrielle et emprunte 100 000 € sur 3 ans à un taux annuel de 2 %. Le remboursement se fait avec annuités constantes.

L'annuité constante *a* sera de $100\,000 \times \frac{2\,\%}{1-(1{,}02)^{-3}} = 34\,675{,}47$ € ◀

C. Le choix des modalités de remboursement

Les conséquences de l'une ou l'autre de ces modalités va jouer sur la trésorerie et le montant total des intérêts versés. Les choix se feront sous ces contraintes afin d'optimiser les ressources financières.

D. Les tableaux de remboursement (ou d'amortissement) des emprunts

Définition

Les tableaux de remboursement des emprunts désignent des documents présentant l'ensemble des versements prévus relatifs :
- au remboursement du capital ;
- au calcul des intérêts ;
- au versement d'une somme totale (remboursement + intérêts) périodique.

▶ Exemple (suite)

Le tableau d'amortissement de l'emprunt de 100 000 € à 2 % avec annuités constantes sur 3 ans se présente ainsi :

Années	Capital restant dû	Intérêts	Amortissements	Annuités
1	100 000,00	2 000,00	32 675,47	34 675,47
2	67 324,53	1 346,49	33 328,98	34 675,47
3	33 995,56	679,91	33 995,56	34 675,47

Le même emprunt avec remboursement constant du capital se présente ainsi :

Années	Capital restant dû	Intérêts	Amortissements	Annuités
1	100 000,00	2 000,00	33 333,33	35 333,33
2	66 666,67	1 333,33	22 222,22	23 555,56
3	44 444,44	888,89	14 814,81	15 703,70

Le même emprunt avec remboursement *in fine* est ainsi représenté :

Années	Capital restant dû	Intérêts	Amortissements	Annuités
1	100 000,00	2 000,00	0	2 000,00
2	100 000,00	2 000,00	0	2 000,00
3	100 000,00	2 000,00	100 000,00	102 000,00

E. Les avantages et inconvénients de l'emprunt indivis

Avantages	Inconvénients
• Intérêts permettant des économies d'IS • Classique donc procédures de mises en œuvre bien maitrisées dans l'entreprise • Diverses modalités disponibles adaptables aux besoins de l'entreprise	• Tributaire de l'accord d'une banque ou de l'entité prêteuse • Solution coûteuse si les taux d'intérêt sont élevés (↪ fiche 28). • Garanties parfois exigées

2 Le financement participatif

Définition

Le **financement participatif** est une modalité de collecte de fonds réalisée par le biais d'un site Internet, la « plateforme ». Il mobilise un grand nombre de contributeurs.

Les modalités du financement participatif

Crowfunding	*Crowdlending*	*Crowdequity*
• Don reçu avec contrepartie (bien ou service en lien avec le projet) ou sans contrepartie • Pas de plafond par projet	• Emprunt avec ou sans intérêt (identique à l'emprunt indivis) • Plafond de 2,5 millions d'euros par projet	• Participation dans le capital de sociétés non cotées • Souscription de titres ou minibons sans plafond

3 L'emprunt obligataire ou divis

Définitions

- L'**emprunt obligataire** ou emprunt divis est une modalité d'emprunt divisé en fractions égales appelées « obligations » et souscrites par un grand nombre de prêteurs appelés « obligataires ».
- Les **obligations** sont des titres négociables, cotés ou non, qui confèrent un droit de créance sans participation aux résultats d'exploitation et aux prises de décisions de la société.

A. Les caractéristiques de l'emprunt obligataire ou divis

Les caractéristiques d'un emprunt sont nombreuses :

- Le nombre d'obligations émises.
- La valeur nominale (base de calcul des intérêts).
- Le prix d'émission (au pair ou en dessous du pair).
- Le prix de remboursement qui peut être au pair (égal à la valeur nominale) ou au-dessus du pair.
- La prime de remboursement est la différence entre prix de remboursement et valeur nominale.
- La prime d'émission est la différence entre la valeur nominale et le prix d'émission.
- Le taux d'intérêt nominal (ou coupon d'intérêt versé pour une obligation).

B. Les avantages et inconvénients de l'emprunt obligataire ou divis

- Avantages : économies d'IS liés aux intérêts, montants collectés pouvant être élevés.
- Inconvénients : tributaire d'obligataires acceptant l'acquisition d'obligations, coûteux.

C. Les tableaux de remboursement (ou d'amortissement) des emprunts

Définition

Les **tableaux de remboursement** des emprunts obligataires désignent des documents présentant l'ensemble des versements prévus, dans la même logique que les emprunts bancaires.

▶ **Exemple**

La société 4x4'Meuse, domiciliée à Verdun, fabrique des accessoires pour véhicules tout terrain. La société est un sous-traitant de nombreux constructeurs automobiles et se positionne en tant que leader sur le marché. Le dirigeant, Cyril Compostel, envisage un investissement de grande ampleur afin d'acquérir un atelier axé sur une innovation technologique majeure.

L'investissement est de 1900000€ et il est prévu de lancer un emprunt obligataire dont les caractéristiques sont les suivantes:
- Valeur nominale d'une obligation: 100€
- Prix d'émission de 99€ en dessous du pair
- Prix de remboursement de 103€ au-dessus du pair
- Durée de l'emprunt de 5 ans
- Taux annuel d'intérêt de 3 %
- 20000 obligations
- Modalité de remboursement *in fine*
- Prime de remboursement: 103€ – 100€ = 3€ par obligation

Le tableau de remboursement est le suivant:

Années	Capital restant dû	Intérêts	Amortissements	Annuités
1	2000000,00	60000,00	0	60000,00
2	2000000,00	60000,00	0	60000,00
3	2000000,00	60000,00	0	60000,00
4	2000000,00	60000,00	0	60000,00
5	2000000,00	60000,00	2060000,00	2120000,00

Le prix d'émission étant en-dessous du pair, la société 4x4'Meuse ne recevra que 99€ × 20000 obligations soit 1980000€ ce qui permet de couvrir le besoin de financement avec cet unique mode. Le remboursement *in fine* des emprunts obligataires nécessite d'anticiper la trésorerie mais laisse le temps à l'investissement de porter ses fruits en générant des richesses. ◀

LE ✚ DE L'EXPERT

Ne confondez pas amortissement du capital emprunté et amortissement comptable.

27 Les modes de financement : crédit-bail et location

Mots-clés

Contrat • Crédit-bail • Location-financement • Redevance

1 Le fonctionnement du crédit-bail et de la location-financement

Définition

Le **crédit-bail** et **la location-financement** désignent des **contrats** de location portant sur un bien meuble ou immeuble.

Il n'y a pas de transfert de propriété au démarrage d'une convention de crédit-bail ou de location-financement. Ce contrat met en relation deux cocontractants que sont le bailleur (il fournit le bien) et le preneur (le locataire). Des **redevances** périodiques sont dues.

A. Le fonctionnement du crédit-bail et de la location-financement

Crédit-bail

- Une redevance est à payer périodiquement
- Une option d'achat est proposée en cours de contrat ou en fin de contrat
- Le montant de cette option est indiqué dans le contrat (le locataire entre ce bien dans l'actif)
- En cas de non-mobilisation de l'option, le bien doit être rendu ou prolongation du contrat

Location (ou location-financement)

- Une redevance est à payer périodiquement
- Il s'agit souvent d'un contrat de location longue durée (terme lointain)
- À l'issue de la durée du contrat, l'acquisition n'est pas envisageable (pas d'acquisition)
- Seule la restitution du bien ou la prolongation (voire la renégociation) du contrat est possible

B. Le choix du crédit-bail ou de la location-financement

Il peut être fait appel au crédit-bail ou à la location-financement pour diverses raisons :

- Les autres modes de financement de type emprunt bancaire, emprunt obligataire, financement participatif, augmentation de capital ne sont pas mobilisables.
- L'entreprise se lance sur une activité nouvelle et souhaite se laisser un temps afin de mesurer la réussite du projet avant d'engager les ressources financières.

- Le matériel faisant l'objet de la location nécessite une maintenance importante et de spécialistes que seul le bailleur peut assurer.

2 L'intérêt du crédit-bail et de la location-financement

A. Les contextes de recours au crédit-bail et à la location-financement

- **Type de matériel concerné**
  - Toutes les formes de biens d'équipement peuvent faire l'objet de ce mode de financement
  - Tout ou partie des immobilisations corporelles peut être ainsi financé
- **Utilisateurs concernés**
  - Toutes les entreprises et organisations
  - Les utilisateurs qui ont besoin du matériel de façon pérenne ou occasionnelle

B. Les avantages et inconvénients du crédit-bail et de la location-financement

Avantages	Inconvénients
• Loyers ou redevances permettant des économies d'IS puisqu'il s'agit de charges fiscalement déductibles • Financement possible à 100 % • Grande souplesse dans les modalités de paiement (périodes, montants) • Assurance contre le risque technologique (obsolescence des immobilisations) • Maintien de la capacité d'endettement (pas d'emprunt) • Trésorerie favorisée (étalement) • Renouvellement de la location possible pour des biens plus modernes	• Coût plus élevé sur la durée par rapport à une acquisition par emprunt • Garanties parfois exigées par les sociétés de crédit-bail • Risque d'être mobilisé dans des opérations peu rentables en raison de son accès facile • Comme tout contrat, le locataire est engagé au versement de redevances aux échéances et sur la durée prévues • Présenter les éléments financiers dans le tableau des engagements • Nécessite un suivi de l'application des conditions du contrat

LE + DE L'EXPERT

Dans le cadre d'un crédit-bail ou d'une location-financement, l'entreprise n'est pas propriétaire des biens. Le coût total de l'opération (option d'achat comprise) (↪ fiche 28) doit être comparé à l'achat immédiat.

28 Les coûts de financement

Mots-clés

Coût des capitaux propres • Coût du crédit-bail • Coût des emprunts indivis et divis

1 Le coût des capitaux propres

Définition

Le **coût des capitaux propres** est le taux de rentabilité requis par les actionnaires.

A. Le modèle actuariel

Le coût des capitaux propres ou taux de rémunération attendu peut être calculé à partir des dividendes espérés et du cours futur de l'action.

Les composantes du calcul actuariel

Variables	Signification
$D_1, D_2, D_3, \ldots, D_i$	Dividendes attendus aux périodes 1, 2, 3, etc. (jusqu'à *i*)
C_0	Cours de l'action à la date 0
C_n	Cours de l'action à la période *n*
t	Taux de rémunération requis par les actionnaires

Le taux de rémunération attendu par les actionnaires provient de la projection dans le futur des revenus que pourrait générer l'action détenue.

Les dividendes constants

Dans le cas de dividendes constants, le taux t de rémunération requis par les actionnaires se calcule de la façon suivante :

$$C_0 = D(1+t)^{-1} + D(1+t)^{-2} + D(1+t)^{-3} + \ldots + D(1+t)^{-n} + C_n(1+t)^{-n}$$

Quand n tend vers l'infini, $(1+t)^{-n}$ tend vers 0. Le taux t est alors :

$$C_0 = \frac{D}{t} \quad \text{d'où } t = \frac{D}{C_0}$$

▶ Exemple

La société SpaceAéro est spécialisée depuis 35 ans dans la fabrication de moteurs de fusée. Le dividende par action est de 50 € depuis plus de 30 ans. Le cours d'une action est de 500 € aujourd'hui. Le taux t requis par les actionnaires (coût des capitaux propres) s'obtient par le calcul de : 50 / 500 = 10 %. ◀

Les dividendes croissants (modèle de Gordon et Shapiro)

Dans le cas de dividendes croissants, cet accroissement suit une progression géométrique de raison $(1+g)(1+t)^{-1}$, g étant le taux de croissance des dividendes futurs. Le modèle Gordon et Shapiro repose sur le fait que cet accroissement est constant. Le taux t est alors :

$$C_0 = \frac{D_1}{(t-g)} \quad \text{d'où } t = \frac{D_1}{C_0} + g$$

▶ Exemple

Reprenons le cas de la société SpaceAéro avec une estimation du taux de croissance des dividendes futurs de 3 %. Le taux *t* requis par les actionnaires en rémunération de leur apport dans le capital social est de (50 / 500) + 3 % = 13 %. ◀

B. Le modèle avec prime de risque

Dans ce modèle, aussi appelé le modèle d'évaluation des actifs financiers (Médaf), le taux requis par l'actionnaire est issu de la combinaison de deux risques :

– risque spécifique à une entreprise en raison de sa situation financière ;

– risque propre au marché.

Le taux requis par l'actionnaire est alors construit avec un taux sans risque auquel est ajouté une prime de risque qui va tenter de compenser et rémunérer le risque du marché.

Composantes du calcul du coût des capitaux propres avec prime de risque

Coût des capitaux propres avec prime de risque requis par l'actionnaire	t
Taux de rentabilité requis par l'actionnaire sur le marché	R_m
Taux de rentabilité sans risque	R_{sr}
Bêta : niveau de la sensibilité d'une action par rapport au marché	β

Le calcul du coût des capitaux propres requis par l'actionnaire s'établit ainsi :

$$t = R_{sr} + \beta\,(R_m - R_{sr})$$

Plus le β est grand, plus t sera élevé. La prime de risque pour l'actionnaire est alors : $\beta\,(R_m - R_{sr})$

▶ Exemple

La société IA'connect, est spécialisée dans la conception de logiciels d'intelligence artificielle. Elle évolue dans un secteur assez dynamique sur le marché financier.

– Le β est estimé à 2,2.
– Le taux de rentabilité sans risque est estimé à 1 %.
– Le taux de rentabilité sur le marché est de 7 %.
– Le taux de rentabilité des capitaux propres requis par l'actionnaire sera de :
$t = 1\ \% + 2{,}2 \times (7\ \% - 1\ \%)$ d'où $t = 14{,}2\ \%$.

Le taux de rentabilité t des capitaux propres requis par l'actionnaire si le β était de 4 serait dans ce cas de :

$t = 1\ \% + 4 \times (7\ \% - 1\ \%)$ d'où $t = 25\ \%$.

2 Le coût de l'emprunt indivis et divis

Définition

Le **coût des emprunts indivis et divis** provient du taux obtenu avec les économies d'IS réalisées sur les intérêts et, le cas échéant, sur les frais (de dossier, d'assurance ou d'émission). Ce coût est le taux d'actualisation qui permet d'avoir une égalité entre le montant dont dispose l'entreprise et tous les flux décaissés sur la durée de l'emprunt.

A. L'emprunt indivis (bancaire ou financement participatif)

- Le coût de l'emprunt avant impôt est égal au taux nominal.
- Les intérêts étant fiscalement déductibles, le taux réellement supporté correspond au taux après impôt. Avec un taux d'imposition $T = 28$ % et un taux nominal de l'emprunt t, le taux d'emprunt net d'impôt t_i se calcule ainsi :

$$t_i = t \times (1 - T)$$

- Lorsque des frais de dossier ou d'assurance interviennent, ils constituent des charges déductibles mais qui viennent augmenter le coût de l'emprunt.

▶ Exemple

La société CinéFIL, spécialisée dans la production cinématographique, vient d'emprunter auprès de sa banque un montant de 1 000 000 €. Le taux annuel négocié est de 4 % avec des frais de dossier de 12 000 €. L'emprunt est remboursable par annuités constantes sur 5 ans. Le taux d'IS est de 28 %.

	Fin N	Fin N+1	Fin N+2	Fin N+3	Fin N+4	Fin N+5
Capital restant dû		1 000 000,00	815 372,89	623 360,69	423 668,00	215 987,61
Intérêts		40 000,00	32 614,92	24 934,43	16 946,72	8 639,50
Annuité constante		224 627,11	224 627,11	224 627,11	224 627,11	224 627,11
Remboursement capital emprunté		184 627,11	192 012,20	199 692,69	207 680,39	215 987,61
Économie d'IS sur intérêts		28 800,00	23 482,74	17 952,79	12 201,64	6 220,44
Frais de dossiers	12 000,00					
Économie d'IS sur frais dossier	8 640,00					
Encaissement emprunt	1 000 000,00					
Flux nets de trésorerie sur emprunt	996 640,00	– 195 827,11	–201 144,37	–206 674,33	212 425,48	–218 406,67

Le taux t du coût de l'emprunt est obtenu à la calculatrice par le calcul tel que :

$996\,640 = -195\,827{,}11 \times (1+t)^{-1} - 201\,144{,}37 \times (1+t)^{-2} - 206\,674{,}33 \times (1+t)^{-3} - 212\,425{,}48 \times (1+t)^{-4} - 218\,406{,}67 \times (1+t)^{-5}$

D'où $t = 1{,}23$ %. Ce coût intègre l'impôt sur les bénéfices. ◀

B. L'emprunt divis (obligataire)

Le coût de l'emprunt obligataire est le taux d'actualisation qui permet d'égaliser le montant perçu et tous les flux décaissés sur la durée de remboursement. Il tient compte des charges d'intérêt fiscalement déductibles et de l'amortissement des primes de remboursement et de frais d'émission.

▶ Exemple

La société SpaceAdventure fabrique des modules de satellites. Un investissement important dans un atelier de fabrication de prototypes et de R&D doit être financé. La société remplit les conditions pour un emprunt obligataire. Les modalités sont :

- montant de 900 000 € ;
- prix d'émission de 875 000 € ;
- au taux d'intérêt nominal de 4 % ;
- durée de 5 ans ;
- remboursement *in fine* de 950 000 € ;
- le taux d'IS est de 28 %.

	Début N	Fin N	Fin N+1	Fin N+2	Fin N+3	Fin N+4
Prix d'émission	875 000					
Intérêts		–36 000	–36 000	–36 000	–36 000	–36 000
Économie d'IS sur intérêts		10 080	10 080	10 080	10 080	10 080
Amortissement prime		15 000	15 000	15 000	15 000	15 000
Économie d'IS sur amortissement prime		4 200	4 200	4 200	4 200	4 200
Prix de remboursement						–950 000
Flux nets de trésorerie sur emprunt	875 000	–21 720	–21 720	–21 720	–21 720	–971 720

Le taux t du coût de l'emprunt est obtenu à la calculatrice par le calcul tel que :

$$875\,000 = -21\,720 \times (1+t)^{-1} - 21\,720 \times (1+t)^{-2} - 21\,720 \times (1+t)^{-3} - 21\,720 \times (1+t)^{-4} - 21\,720 \times (1+t)^{-5}$$

D'où $t = 4{,}06$ %. Ce coût intègre l'impôt sur les bénéfices.

Ce taux t est le résultat du fait que le prix d'émission est en dessous de la valeur nominale et que le prix de remboursement est plus élevé que la valeur nominale. ◀

3 Le coût du crédit-bail

Définition

Le coût d'un financement par **crédit-bail** est le taux d'actualisation qui permet d'égaliser la valeur du bien ainsi financé et les flux de trésorerie décaissés tout au long de l'opération.

Les éléments à prendre en compte sont :

- l'économie liée au prix d'acquisition du bien loué en crédit-bail ;
- le montant du dépôt de garantie éventuel ;
- le loyer versé périodiquement net d'IS ;
- l'absence d'économie d'IS sur les dotations aux amortissements ;
- le prix d'acquisition du bien à une date fixée dans le contrat.

LE + DE L'EXPERT

Sachez comparer de façon pertinente les coûts des différents modes de financement envisageables afin de choisir le plus rentable. D'autres critères que le coût peuvent intervenir.

29 Les choix et coûts de financement : méthodologie de l'argumentaire

Mots-clés

Critère de choix • Mode de financement

1 Les critères de choix d'un mode de financement

Définition

Les **critères de choix** des **modes de financement** désignent les arguments qui vont permettre d'alimenter la prise de décision quant aux modes de financement à mobiliser.

A. Choisir un mode de financement en fonction des possibilités

Autofinancement	• Si pas de fonds d'autofinancement disponibles, choix impossible • Si des fonds sont disponibles, ils peuvent être réservés à d'autres projets, d'où l'impossibilité de mobiliser ce mode de financement • Mode à mobiliser souvent à 25 ou 30 % du montant du projet à financer
Augmentation de capital en numéraire	• Si ce mode a été mobilisé récemment, impossible d'y recourir • Si le marché financier est peu favorable, mode à écarter • La gouvernance étant modifiée, mode parfois écarté
Emprunt bancaire (indivis)	• Si le taux d'endettement est déjà élevé, mode impossible • Si la santé financière de l'entreprise n'est pas satisfaisante, mode refusé (totalement ou partiellement)
Emprunt obligataire (divis)	• Si les conditions juridiques de recours (forme de société, 2 ans d'existence, capital appelé versé) ne sont pas respectées, mode inaccessible • Si modalités administratives jugées trop lourdes, mode impraticable
Financements participatifs	• Si les modalités (*crowdfunding, crowdlending ou crowdequity*) ne correspondent pas au besoin, mode inapproprié • Si la plateforme Internet ne fournit qu'une partie des fonds nécessaires au financement, mode incomplet
Crédit-bail, location-financement	• Si les biens nécessaires ne sont pas disponibles, mode écarté • Si les cautions ou garanties sont trop élevées, mode impossible
Subvention d'investissement	Si les conditions de délivrance (emploi, projets régionaux, etc.) ne sont pas rassemblées, mode inaccessible

B. Choisir un mode de financement en fonction des coûts

Une fois les conditions de faisabilité et d'opportunité remplies, le choix va porter sur des comparaisons liées aux coûts inhérents à chaque mode ou à leur combinaison.

Modes	Caractéristiques	Coûts
Capitaux propres	Modèle actuariel avec dividendes constants ou croissants	Taux requis par les actionnaires
	Modèle avec prime de risque	
Emprunt bancaire, obligataire ou *crowdlending*	Charges d'intérêt fiscalement déductibles (avec frais d'émission)	Taux nominal d'intérêt net d'IS
		Taux actuariel net d'IS
Combinaison capital social + dettes	Calcul du coût moyen pondéré du capital	CMPC
Crédit-bail ou location-financement	Toutes les redevances sont fiscalement déductibles	Taux actuariel net d'IS

2 La rédaction d'un argumentaire

A. La mise en œuvre en contexte

▶ **Exemple**

La société SpaceShip, au capital de 6 079 500 €, a été créée à Toulouse il y a 23 ans par 12 actionnaires toujours présents à l'identique. Ils sont attachés à la société et à la gouvernance actionnariale en place depuis toujours.

La société conçoit et fabrique des moteurs de fusées. Elle œuvre dans un secteur très concurrentiel et la performance repose sur l'innovation perpétuelle des produits proposés. La dirigeante de SpaceShip, Pauline Laimor, vient de lancer une offensive stratégique afin de prendre un avantage concurrentiel sur un nouveau moteur, technologiquement innovant. Le projet de construction d'un atelier s'élève à 2 580 000 € et l'équipe financière se penche sur les financements à mobiliser pour mener à bien ce projet.

Au regard des données recueillies et calculées ci-dessous, établir un commentaire structuré sur les décisions à prendre en matière de choix de financement.

Augmentation de capital par apport en numéraire envisagée	900 000
Augmentation de capital par incorporation de réserves	300 000
Dettes (5 852 963 € en N–1)	4 925 620
Taux d'endettement en N (70 % dans le secteur)	81,02 %
Taux requis par les actionnaires (8 % dans le secteur)	10 %
Coût de revient des emprunts indivis net d'IS (2 % dans le secteur)	2,55 %
Coût de revient d'un emprunt obligataire net d'IS	4,55 %
Coût de revient du crédit-bail net d'IS	5,99 %
Montant envisageable en crédit-bail (pour une partie des machines)	380 000
Montant envisageable en emprunt obligataire (0 € en N)	950 000
Montant disponible pour l'autofinancement	855 555
Montant disponible (accepté par la banque pour un emprunt)	700 000
Coût du capital en N	6,32 %
Subvention d'investissement	50 000

B. La méthodologie à appliquer

1. Introduction

Rappel du contexte : secteur industriel ? Activité commerciale ? Création d'entreprise ? Développement ? Fusion ?	Rappel de la problématique : besoin de financer un déveoppement à l'international ? Besoin de renouveller le matériel industriel ? Besoin de financer une stratégie ?

↓

2. Constats

Utiliser les données chiffrées du contexte ou des calculs précédents pour faire état de la situation

↓

3. Analyse

Justifier le choix fait en raison des constats précédents	Faire des comparaisons des données chiffrées

↓

4. Conclusion

Reprendre la problématique de départ et annoncer le ou les choix de modes de financement qui semblent les plus pertinents

C. La rédaction

Pour réussir à l'examen, il est indispensable :

- D'utiliser les mots-clés du programme. Dans cette thématique, il faut mobiliser les termes de coûts et modes de financement, niveau d'endettement, risque, structure de financement, gouvernance, indépendance, etc. C'est une consigne fondamentale.
- De formuler des réponses concises et étayées. Une réponse sous forme de tirets est inadmissible, le correcteur ne pouvant interpréter la pensée du candidat.
- De structurer les réponses (un paragraphe par idée étayée par un exemple).
- De s'adapter au contexte donné. Le candidat ne doit pas répondre de façon théorique. Les données chiffrées, les noms des acteurs de l'entreprise, etc. prouvent la volonté de contextualiser la solution.

D. Le plan de l'argumentaire structuré

- **Introduction.** La société SpaceShip évolue dans le secteur industriel spatial. C'est un secteur hautement concurrentiel et dont la stratégie d'innovation est un axe de performance. Dans cette logique, le sujet attend la formulation d'un conseil quant aux choix des modes de financement les plus appropriés pour faire face à un projet d'investissement dans un atelier de 2 580 000 €.

- **Constats.** La société SpaceShip dispose de plusieurs opportunités en matière de choix de financement. On constate qu'un seul de ces modes n'est pas suffisant pour financer les 2 580 000 € attendus du projet d'investissement. Il faudra donc mobiliser une combinaison de modes pour atteindre le montant voulu. On note que le taux de 10 % requis par les actionnaires est le plus élevé de tous les coûts des modes de financement et qu'il semble donc opportun d'essayer de ne pas mobiliser l'augmentation de capital. On remarque aussi le coût assez élevé du crédit-bail, à 5,99 %, ce qui est au-dessus des coûts des emprunts proposés. Il est d'usage de mobiliser l'autofinancement aux environs d'un tiers du projet à financer. On voit chez SpaceShip que les 855 555 € satisfont cette exigence. On constate ainsi que les différents emprunts envisagés, bancaire à hauteur de 700 000 € et obligataire pour 950 000 €, permettent de compléter l'autofinancement avantageusement pour disposer de : 855 555 € + 950 000 € + 700 000 € = 2 505 555 €. Les 50 000 € de subventions d'investissements permettront d'atteindre du montant attendu.
- **Analyse.** On note que les 12 actionnaires sont toujours présents et attachés à la gouvernance actionnariale actuelle. Cela confirme bien que l'augmentation de capital de 900 000 € n'est pas à choisir comme mode de financement. Les 300 000 € d'incorporation de réserves n'apportent pas de ressources financières nouvelles. En choisissant de se financer par endettement, SpaceShip atteindrait un seuil quasi maximal d'endettement au regard de ses capitaux propres. Elle est forcément dans une dépendance vis-à-vis de la banque afin que celle-ci finalise son octroi de prêt et dépendante vis à vis des obligataires qu'il faut trouver et attirer avec des taux d'intérêts et prix de remboursement des obligations intéressants. Les taux requis par les actionnaires de 10 % et les coûts de l'endettement de SpaceShip (2,55 % et 4,55 %) sont plus élevés que dans le secteur, signe probable d'une réponse au risque que prennent ces investisseurs sur une société bien endettée après ce financement de projet. Le crédit-bail est couteux dans ce contexte, peut-être en raison de machines technologiquement élevées et donc à rentabiliser.
- **Conclusion.** La société SpaceShip et sa dirigeante Pauline Laimor vont se voir proposer par l'équipe financière une combinaison de modes de financement par endettement, autofinancement et subvention, aptes à répondre au besoin de 2 580 000 € du projet d'investissement, en tenant compte de l'optimisation des coûts des différents modes de financement.

LE + DE L'EXPERT

Matérialisez la structure de la réponse par des sauts de ligne clairs séparant les quatre étapes : introduction, constats, analyse, conclusion.

30 Les engagements financiers

Mots-clés

Garanties sûretés personnelles • Sûretés réelles • Tableau des engagements financiers

1 Les tableaux des engagements financiers

Le **tableau des engagements financiers** figure dans l'annexe comptable. Il comporte en réalité plusieurs tableaux dédiés à un type d'engagement et présente les éléments susceptibles d'influer sur le montant ou la composition du patrimoine.

En principe, seuls les engagements significatifs figurent dans le tableau des engagements financiers. Les contenus concernent les droits (engagements reçus) et obligations (engagements données) de l'organisation (ex. : contrat de crédit-bail, cautionnement, hypothèque, etc.).

A. La présentation des engagements

L'actif du bilan comporte les droits de propriété sur les immobilisations et les droits sur les créances

Le passif du bilan présente les obligations de payer les dettes : emprunts, dettes fournisseurs, etc.

- Certaines informations liées aux engagements hors bilan doivent figurer dans l'annexe s'il s'agit d'éléments significatifs.
- Le caractère significatif est présent au-delà d'une valeur d'engagement supérieure à 10 % des éléments concernés (sauf pour le crédit-bail qui est à placer dès le premier €).
- Le tableau des engagements financiers présente ces éléments.

▶ Exemple

Parmi les types d'engagements, retenons :
- Les engagements de garanties : cautions.
- Les engagements réels : gages et hypothèques.
- Les engagements liés à des contrats : contrats de crédit-bail mobilier.
- Les dettes et créances assorties de garanties : hypothèques de biens immeubles.
- Les engagements vis-à-vis du personnel : pensions et retraites complémentaires. ◀

B. Les catégories d'engagements

La tenue d'une comptabilité d'engagements est facultative. Néanmoins, plusieurs types d'engagements peuvent être présentés.

Types d'engagements financiers

Engagements financiers simples	Engagements financiers complexes	Dettes et créances garanties
• Engagments donnés et reçus • Montants des dettes et créances **garanties** par des **sûretés personnelles** (caution) • Créances cédées non échues	• Contrats de crédit-bail • Engagements financiers futurs ou donnés dans le cadre du règlement de difficultés	Montants des dettes et des créances garanties par des sûretés réelles (hypothèques, nantissements, gages)

2 La construction du tableau des engagements financiers

Il n'existe pas à proprement parler de formalisme. Ces tableaux doivent présenter les informations permettant de juger de la nature et de l'ampleur des engagements pris et reçus.

Étapes d'élaboration du tableau des engagements financiers

Recenser les engagements reçus ou donnés → Identifier leur caractère significatif → Établir un tableau présentant les principales caractéristiques de chaque engagement

▶ **Exemple**

L'entreprise ED a signé un contrat de crédit-bail pour un matériel avec les éléments suivants :

Éléments relatifs au contrat de crédit-bail			
Valeur d'origine du bien au 01/01/N	80 000,00	Date de règlement	31/12/N
Redevances annuelles HT	16 000,00	Durée de vie	12
Date du début du contrat	01/07/N–2	Amortissement	Linéaire
Durée en années du contrat	10	Exercice comptable	Du 01/01 au 31/12
Échéance	Terme échu	Rachat en option	12 000,00

Tableau des engagements financiers au 31/12/N au contrat de crédit-bail			
Redevances versées		**Redevances à payer**	
Redevances de l'exercice	16 000,00	À moins de 1 an	16 000,00
Redevances cumulées	40 000,00	À plus de 1 an et 5 ans au plus	64 000,00
Redevance de l'exercice antérieur	16 000,00	À plus de 5 ans	32 000,00

LE + DE L'EXPERT

Sachez élaborer le tableau des engagements financiers avec les contenus les plus utiles au suivi des engagements de l'organisation.

31 Les marchés financiers : organisation

Mots-clés

AMF • Délit d'initié • Euronext • Instrument financier • Marché financier • Marché primaire • Marché secondaire • Société de Bourse

Définition

Les **marchés financiers** sont les marchés sur lesquels sont cotés et s'échangent les **instruments financiers** qui comprennent notamment :
- les actions, les obligations, les parts de Sicav (sociétés de placement en valeurs mobilières) ;
- les contrats financiers (fermes et optionnels).

1 Les marchés primaire et secondaire

A. Le marché primaire

Définition

On parle de **marché primaire** quand les actifs financiers sont émis pour la première fois.

Chaque nouveau titre est émis sur le marché primaire qui n'est pas localisé dans un lieu précis.

Les émetteurs (sociétés privées, État, collectivités publiques, etc.) fixent le prix des titres émis et les remettent aux investisseurs (notamment grâce aux réseaux bancaires) en échange de capitaux.

B. Le marché secondaire

Définition

Le **marché secondaire** est le marché sur lequel sont échangés des titres antérieurement émis (titres existants).

Globalement, le marché secondaire correspond à la Bourse. Dès la souscription terminée, les titres sont cotés et négociés sur le marché boursier.

2 L'organisation de la Bourse

Le fonctionnement de la Bourse est assuré par une **société de Bourse** (société dont c'est l'activité principale), **Euronext** Paris pour la Bourse de Paris.

A. Euronext Paris

La Bourse de Paris est une filiale du premier groupe boursier européen Euronext dont les principales autres filiales sont à Amsterdam, Bruxelles, Lisbonne et Dublin.

Euronext est une entreprise de marché privée, elle-même cotée, qui :
- gère les cotations ;
- diffuse les cours et les indices boursiers ;
- assure les négociations ;
- diffuse des informations utiles aux investisseurs.

Principaux marchés

Marché des actions

Environ 1 300 sociétés cotées sur Euronext Paris

Marchés des obligations

Obligations émises par des sociétés privées, par l'État ou par des collectivités publiques

B. L'autorité des marchés financiers (AMF)

Définition

L'autorité des marchés financiers (**AMF**) est un organisme public indépendant chargé de la protection des épargnants et du bon fonctionnement des marchés financiers.

Les missions de l'AMF

- Contrôler les opérations financières des sociétés cotées (introductions en Bourse, prises de contrôle, etc.).
- Définir les principes d'organisation et de fonctionnement d'Euronext.
- Protéger l'épargne investie dans les produits financiers.
- Informer les investisseurs.
- Surveiller le fonctionnement des marchés.

Les contrôles et sanctions

L'AMF peut procéder à des contrôles et à des enquêtes concernant les délits financiers comme les délits d'initié.

Définition

Le **délit d'initié** est commis par une personne qui utilise des informations privilégiées pour réaliser des opérations profitables.

L'AMF dispose d'un pouvoir de sanction qui est exercé par la Commission des sanctions. Les sanctions prononcées sont essentiellement pécuniaires.

LE + DE L'EXPERT

Le marché primaire fonctionne bien grâce au marché secondaire, qui permet la revente des titres.

32 Les marchés financiers : qualité de l'information

Mots-clés

Bulle financière • Efficience informationnelle • Incertitude • Information • *Profit warning* • Volatilité des cours

1 L'information des marchés

A. L'incertitude et l'information

Le rôle de l'information sur les marchés de capitaux

L'information joue un rôle capital dans la formation des cours et les prises de décision des investisseurs.

Plus l'investisseur dispose d'**informations** précises et fiables, plus l'**incertitude** inhérente aux marchés est faible.

Qualité de l'information financière

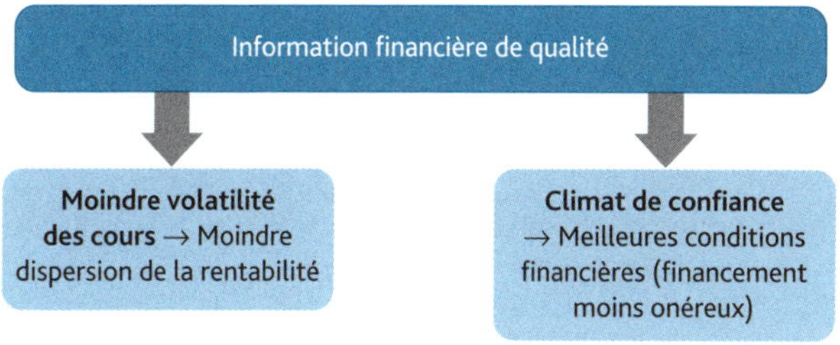

Définition

La **volatilité des cours** mesure l'amplitude des variations de cours d'une action, d'un marché d'actions ou d'un autre instrument financier.

L'obligation de publier des informations

Les sociétés cotées sur les principaux marchés sont tenues de diffuser périodiquement des informations (comptes, résultats, bilan social, etc.).

B. L'information et la valeur de marché

La valeur de marché théorique

Théoriquement, la valeur d'un produit financier correspond à la valeur actuelle des flux futurs attendus de ce produit.

La pratique

Les investisseurs attribuent une valeur aux titres en fonction des informations disponibles et à partir d'anticipations basées sur ces informations.

Une nouvelle information (avertissement sur résultat ou *Profit warning* ou une modification des taux d'intérêt, etc.) se traduit immédiatement par un changement de la valeur attribuée au titre financier.

2 L'efficience informationnelle du marché financier

Définition

On parle de l'**efficience informationnelle** d'un marché lorsque les cours intègrent toute l'information disponible.

A. Les conditions de l'efficience

Plusieurs conditions doivent être remplies pour assurer l'efficience des marchés financiers :

- Les investisseurs doivent être rationnels.
- Le marché doit être liquide.
- Un investisseur ne peut garder une information susceptible d'influencer les cours.
- Le coût des transactions sur le marché doit être faible.

Définition

On parle de **liquidité** d'un actif financier lorsque le volume des transactions est tel qu'un ordre peut être exécuté rapidement et sans modification du cours.

B. Les conséquences de l'efficience

Une nouvelle information susceptible d'accroître l'incertitude ou d'affecter les flux financiers attendus entraîne immédiatement un ajustement des cours.

▶ Exemple

En juin 2019, l'action du groupe Renault a perdu 6,5 % après l'annonce de la fin des négociations de rapprochement avec Fiat. ◀

C. Les limites de l'efficience informationnelle

La théorie de l'efficience organisationnelle fait l'objet de vives critiques :

- Les conditions énoncées ne sont jamais complètement réunies.
- Les investisseurs ne sont pas toujours en mesure d'analyser de manière cohérente l'information disponible. Ils agissent parfois par mimétisme, achetant un titre demandé et créant ainsi une bulle financière.

Définition

Une **bulle financière** est une situation dans laquelle les cours des titres sont totalement déconnectés de leur valeur intrinsèque.

LE + DE L'EXPERT

Pour appréhender la valeur intrinsèque d'une action indépendamment de son cours, il faut s'intéresser à son rendement, à son PER (↪ fiche 33) et aux perspectives de la société et de son secteur d'activité selon les analystes financiers.

33 Les marchés financiers : actions et indices boursiers

Mots-clés

Capitalisation boursière • Eurolist • Euronext Growth • Indice boursier • Marché réglementé • PER • Taux de rendement

1 Le marché des actions

Définition

Un **marché** d'instruments financiers est qualifié de « **réglementé** » lorsqu'il garantit un fonctionnement régulier des négociations, en fixant les conditions d'accès au marché et les règles précises d'organisation des transactions.

Le marché des actions français se décompose en trois groupes :

	Eurolist	Euronext Growth	Euronext Access
Type de marché	Réglementé	Non réglementé	Non réglementé
Conditions d'admission	Strictes	Plus souples	Légères
Objectif	Grosses sociétés	PME n'ayant pas accès à l'Eurolist	Petites sociétés (start up)

Les actions cotées sur l'**Eurolist** (↪ **fiche 31**) sont réparties en trois compartiments (A, B et C), en fonction de leur **capitalisation boursière**.

Capitalisation boursière = Nombre de titres × Cours (Valeur boursière d'une société)

2 Les principales caractéristiques des actions

A. Le cours

Il est déterminé en continu pour les principales actions cotées et s'ajustent au fur et à mesure de l'arrivée des ordres (d'achat et de vente).

À un instant donné, le cours d'un titre correspond au prix qui permet le maximum d'échanges possible.

B. Le rendement actuariel brut

$$\text{Rendement actuariel brut} = \frac{\text{Dividende}}{\text{Cours}}$$

Le rendement est exprimé sous la forme d'un taux (ex. : 4,2 %).

Le **taux de rendement** peut être calculé pour une année passée ou pour l'année en cours (estimation).

C. Le PER

PER = $\frac{\text{Cours de l'action}}{\text{Bénéfice net par action}}$ = Nombre d'unités du résultat net contenues dans le cours (le cours est un multiple du bénéfice net)

Le bénéfice par action est net d'impôt (net d'IS) et hors éléments exceptionnels.

Le **PER** peut être passé ou estimé.

Le PER peut aller de 5 environ (constructeurs automobiles) à plus de 30 (produits de luxe, etc.).

▶ **Exemple**

– L'Oréal : de 30 à 37 ; Michelin : de 10 à 12 ; Pernod Ricard : de 22 à 28. ◀

Les éléments du calcul changeant constamment, le PER est lui-même très fluctuant.

Il permet de comparer des sociétés appartenant à un même secteur d'activité : une société dont le PER est faible peut, éventuellement, être considérée comme sous-cotée.

3 Les indices boursiers d'actions

Les Bourses diffusent de très nombreux indices, en continu pour les plus importants.

Définition

Un **indice boursier** est un instrument de mesure de l'évolution de tout ou partie d'un marché boursier grâce à un échantillon de valeurs représentatives.

Principaux indices boursiers

Indices français	**CAC 40**	Calculé à partir de 40 valeurs françaises choisies au sein des 100 premières capitalisations boursières.
	SBF 120	Il est constitué des valeurs du CAC 40 complété par 80 valeurs parmi les plus liquides.
	CAC Mid 100	Composé de 100 valeurs de moyenne capitalisation.
Indices étrangers	**Dow Jones (New York)**	Calculé sur la base de 30 valeurs les plus importantes.
	Nikkei 225 (Tokyo)	Constitué de 225 valeurs les plus échangées.

▶ **Exemple**

Le CAC 40 est passé de 1 000 en 1987 (créaction de l'indice) à 5 200 / 5 600 en 2019.

LE + DE L'EXPERT

Pour vous familiariser avec les informations relatives aux marchés financiers et suivre les indices boursiers, vous pouvez consulter le site Boursedeparis.fr et/ou lire régulièrement un journal financier (ex. : le quotidien *Les Echos* ou l'hebdomadaire *Investir*).

34 Les marchés financiers : obligations et notation financière

Mots-clés

Agence de notation • Cotation • Coupon couru • Obligation

Définition

Une **obligation** est la fraction d'un emprunt émis par une société privée, l'État ou un organisme public.

Il existe différents types d'obligations :
- obligations classiques ;
- obligations convertibles en actions (OCA), etc.

1 Le marché obligataire

A. La cotation des obligations

Définition

La **cotation** des obligations s'effectue en pourcentage de la valeur nominale et au pied du coupon (c'est-à-dire sans le coupon couru).

La cotation sans coupon couru permet de comparer des obligations émises à des dates et à des valeurs nominales différentes.

▶ Exemple

Une obligation dont la valeur nominale est de 200 € est cotée 101,40.
La valeur correspondante en euros est de : 200 × 101,40 % = 202,80 €. ◀

- Le coupon couru est calculé séparément et exprimé en pourcentage de la valeur nominale (avec trois décimales) ou en euros.
- Le coût total d'une obligation est exprimé par :

Valeur d'achat de l'obligation = % de cotation × Valeur nominale + Coupon couru

B. Le calcul du coupon couru

Le coupon d'intérêts est payé une fois par an. Il est calculé sur la valeur nominale de l'obligation.

Définition

Le **coupon couru** d'une obligation est la fraction d'intérêts correspondant à la durée écoulée depuis le paiement du dernier coupon et le jour de la négociation exclu.

35 Le bilan financier

Mots-clés

Bilan financier • Exigibilité • Faillite • Liquidité • Solvabilité • Tableau des plus ou moins-values

1 Les objectifs du bilan financier

Définitions

- Un **bilan financier** est un document synthétique qui traduit l'aptitude de l'entreprise à faire face à ses engagements. Cela permet d'apprécier le risque de **faillite** à court terme.
- Sa structure repose sur une organisation de l'actif par **liquidité** croissante et une organisation du passif par **exigibilité** croissante.
- Le bilan financier laisse apparaître la **solvabilité** et la liquidité de l'entreprise.

Solvabilité	• Aptitude de l'entreprise à honorer ses dettes par le biais de ses actifs • Un risque d'insolvabilité est décelé lorsque les actifs < à toutes les dettes
Liquidité	• Aptitude de l'entreprise à transformer plus ou moins rapidement ses actifs en trésorerie • Les disponibilités doivent être capables de payer les sommes dûes aux échéances prévues

2 La construction du bilan financier

A. La logique de construction

<table>
<tr><td rowspan="3">Liquidité croissante ↓</td><td rowspan="2">Emplois à plus d'un an</td><td rowspan="2">ACTIF à plus d'un an corrigé</td><td>Capitaux propres</td><td rowspan="2">Capitaux permanents : ressources à plus d'un an</td><td rowspan="3">Exigibilité croissante ↓</td></tr>
<tr><td>Dettes à plus d'un an</td></tr>
<tr><td>Emplois à moins d'un an</td><td>ACTIF à moins d'un an corrigé</td><td>Dettes à moins d'un an</td><td>Ressources à moins d'un an</td></tr>
</table>

B. Les reclassements et retraitements

Le bilan financier se construit en reclassant et en retraitant certains postes du bilan comptable afin d'évaluer les postes à la valeur la plus proche d'une valeur de revente ou de remboursement et de respecter les critères de liquidité croissante de l'actif et d'exigibilité croissante du passif. On parlera ainsi d'« actifs et passifs corrigés ».

Les regroupements au sein du bilan financier sont effectués afin de ranger les éléments du bilan en fonction de leur échéance, à plus ou moins un an. On obtient alors un actif et un passif corrigés.

Correction de l'actif et du passif

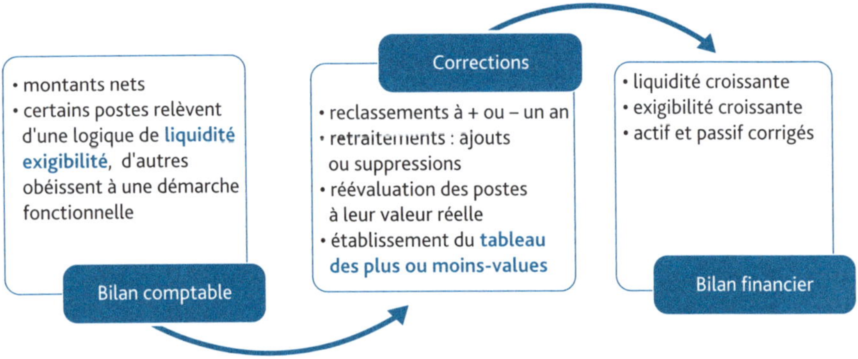

	Actif immobilisé à plus d'un an	Actif circulant à moins d'un an
Retirer du bilan comptable	• Les actifs fictifs : non valeurs – Frais d'établissement – Frais de recherche et développement – Charges à répartir sur plusieurs exercices – Primes de rembours. des obligations – Écart conversion actif (perte latente) • Les immobilisations financières (si échéance à moins d'un an, positionnement en actif circulant)	• Actifs circulants dont l'échéance est à plus d'un an • Comptes de régularisation dont l'échéance est à plus d'un an
Ajouter au bilan comptable	• Actifs circulants dont l'échéance est à plus d'un an • Comptes de régularisation dont l'échéance est à plus d'un an • Stocks pris en compte à la valeur réelle dont une partie peut être rattachée aux immobilisations (stock-outil)	• Partie à moins d'un an des immobilisations financières • Effets escomptés non échus

	Passif immobilisé à plus d'un an	Passif circulant à moins d'un an
Retirer du bilan comptable	• Capitaux propres – Actifs fictifs – Part du résultat qui sera distribuée • Dettes à plus d'un an – Provisions liées à des risques et charges de moins d'un an – Dettes financières de moins d'un an	• Dettes dont l'échéance est à plus d'un an • Comptes de régularisation avec échéance de plus d'un an

	Passif immobilisé à plus d'un an	Passif circulant à moins d'un an
Ajouter au bilan comptable	• Dettes non financières dont l'échéance est à plus d'un an • Emprunts participatifs car remboursés après toutes les créances • Comptes de régularisation dont l'échéance est à plus d'un an	• Dettes y compris dettes fiscales à moins d'un an • Part des produits constatés d'avance à moins d'un an • Découverts ou concours bancaires courants • Provisions pour risques et charges à moins d'un an • Dividendes à distribuer

▶ Exemple

La société Mélina'Breiz fabrique des crêpes bretonnes qu'elle distribue sur toute la France. Son bilan comptable au 31/12/N est le suivant :

ACTIF	Brut	A & D	Net	PASSIF	N
Immo. incorp.				Capital	200 000
Frais d'établissement	100 000	20 000	80 000	Réserve légale	17 700
Immo. corp.				Autres réserves	25 300
Terrains	40 000	0	40 000	Résultat de l'ex.	90 000
Constructions	520 000	310 000	210 000	**Total I**	**333 000**
Installations techniques	570 000	350 000	220 000	Provisions pour risques [3]	50 000
Autres	170 000	60 000	110 000	Provisions pour charges	0
Immobilisations fin. [1]				**Total II**	**50 000**
Participations	54 000	10 000	44 000		
Autres	24 500	0	24 500		
Total I	**1 478 500**	**750 000**	**728 000**		
Stocks et en-cours				**Dettes financières**	
MP et appro.	80 000	10 000	70 000	Emprunts et dettes auprès des ets. fin. [4]	401 500
Produits inter. et PF	80 000	0	80 000		
Créances d'exploitation [2]				**Dettes d'exploitation**	
Créances clients et comptes rattachés	125 000	5 000	10 000	Dettes fournisseurs et comptes rattachés	193 000
Autres créances	19 000	3 000	16 000	Dettes fiscales et sociales	50 000
Disponibilités	44 000	0	44 000	Autres dettes	31 000
Total II	**348 000**	**18 000**	**330 000**	**Total III**	**675 500**
Total général	**1 826 500**	**768 000**	**1 058 500**	**Total général**	**1 058 500**

[1] à plus d'un an ; [2] à moins d'un an ; [3] pour litige : 30 000 ; pour garantie : 20 000 ; [4] dont à moins d'un an : 43 000

Le tableau des plus ou moins-values est le suivant :

Postes du bilan comptable	Valeur comptable	Estimations	Plus-value	Moins-value
Frais d'établissement	80 000			80 000
Fonds commercial		150 000	150 000	
Terrains	40 000	60 000	20 000	
Constructions	210 000	500 000	290 000	
Installations techniques	220 000	80 000		140 000
Titres de participation	44 000	17 500		26 500
Stocks de matières premières	70 000	50 000		20 000
Clients	120 000	118 000		2 000
Sous-totaux	**784 000**	**975 000**	**460 000**	**268 000**
		Plus-value globale		191 500

On obtient alors le bilan financier suivant :

Actif		Passif	
Actif à plus d'un an corrigé		**Passif à plus d'un an corrigé**	
Fonds commercial	150 000	**Capitaux propres**	
Terrains	60 000	Capital	200 000
Constructions	500 000	Réserve légale	20 000
Installations techniques	80 000	Autres réserves	68 000
Autres immo. corporelles	110 000	**Plus-value globale**	**191 000**
Participations	17 500	RAN	35 000
Autres immo. financières	24 500	**Total 1**	**514 500**
Stock sécurité, stock outil	40 000	**Dettes à plus d'un an**	
Total 1	**982 000**	Provision pour litige	30 000
Actif à moins d'un an corrigé		Emprunts financiers	358 500
Stock		**Total 2**	**388 500**
Stock de matière première	10 000	**Capitaux permanents**	**903 000**
Stock de PF et intermédiaire	80 000	**Passif à moins d'un an corrigé**	
Créances clients	118 000	Dettes fournisseurs	193 000
Autres créances	16 000	Dettes fiscales et sociales	50 000
Disponibilités	44 000	Autres dettes	31 000
Total 2	**268 000**	Emprunts à – d'un an	43 000
		Provision pour garantie	20 000
		Dividende à payer	10 000
		Total 3	**347 000**
Total général	**1 250 000**	**Total général**	**1 250 000**

LE + DE L'EXPERT

Sachez collecter et repérer toutes les informations utiles à l'établissement du bilan financier.

36 Les équilibres financiers : indicateurs, risque, soutenabilité de la dette et garanties

Mots-clés

Fonds de roulement financier • Garantie • Ratio de liquidité • Risque

1 Le fonds de roulement financier

Définition

Le **fonds de roulement financier** permet de vérifier que les ressources corrigées sont à la disposition de l'entreprise pendant une durée au moins égale à celle des actifs corrigées (↪ fiche 5) à financer.

Le fonds de roulement financier constitue la marge de sécurité nécessaire pour faire face aux **risques** de décalage entre les actifs et les passifs à moins d'un an.

A. L'équilibre financier minimum

L'équilibre financier minimum…
- … est assuré si la durée d'un actif corrigé coïncide avec la durée du passif corrigé correspondant
- … permet de juger de la solvabilité de l'entreprise

B. Les risques de faillite

L'entreprise s'expose à un risque de faillite si les passifs à moins de 1 an ne peuvent pas être honorés par les actifs à moins de 1 an. Il lui faut dans ce cas disposer d'une sécurité : le fonds de roulement liquidité, aussi dit fonds de roulement financier.

C. Le calcul du fonds de roulement (FR) financier ou FR liquidité

Le calcul du fonds de roulement financier s'effectue à partir du bilan financier. La logique d'évaluation des risques financiers conduit à estimer que les dépréciations de l'actif circulant correspondent à des pertes certaines dont la réalisation se concrétisera à brève échéance.

- Ces dépréciations ne sont pas considérées comme des ressources durables à plus de 1 an.
- La valeur réelle de l'actif circulant repose sur sa valeur nette.

Fonds de roulement financier Méthode 1
Actifs à moins d'un an nets corrigés
– Dettes à moins d'un an corrigées

Fonds de roulement financier Méthode 2
Passifs à + d'un an (y compris amort. et dépréc. de l'actif à + d'un an)
– Actifs à + d'un an en brut

Fonds de roulement financier Méthode 3
Passifs à + d'un an
– Actifs à + d'un an, valeurs nettes

2 Les ratios de liquidité

Définition

Les **ratios de liquidité** mettent en relation deux éléments du bilan financier afin de mesurer l'aptitude d'une entreprise à court terme à faire face à ses échéances.

Types de ratios de liquidité

Ratio de liquidité générale	Ratio de liquidité réduite ou restreinte	Ratio de liquidité immédiate
Capacité d'une entreprise de faire face à ses dettes à court terme (moins d'un an)	Capacité à faire face à ses dettes de court terme, sans revendre les stocks	Capacité d'une entreprise à assumer ses obligations financières à court terme par l'utilisation de ses actifs les plus liquides
$\frac{\text{Actif à court terme}}{\text{Passif à court terme}}$	$\frac{\text{Actif à court terme} - \text{stocks}}{\text{Passif à court terme}}$	$\frac{\text{Liquidités}}{\text{Passif à court terme}}$
Ce ratio doit être > 1	Ce ratio doit être > 1	Ce ratio doit être > 0,6

3 Évaluer le niveau de risque et la soutenabilité de la dette

Niveau de risque	Soutenabilité de la dette	Capacité de remboursement
• Le ratio de liquidité générale $\leqslant 1$: risque de faillite. • Le ratio de liquidité réduite < 1 : risque élevé. • Plus le ratio de liquidité immédiate est bas plus le risque de faillite est élevé.	• La soutenabilité de la dette est la capacité pour l'entreprise à rester solvable. • Pour l'évaluer, on peut calculer le ratio d'endettement : $\frac{\text{Dettes fin. à + d'un an} - \text{Liquidités et VMP}}{\text{Capitaux propres}}$ • Ratio < 1 pour que l'entreprise soit dans une situation soutenable au regard de ses dettes. • Ratio de solvabilité : $\frac{\text{Capitaux propres}}{\text{Actif total}}$ • La valeur de ce ratio doit être de 20 % au moins pour limiter le risque d'insoutenabilité de la dette.	• Mesure du temps nécessaire pour rembourser les dettes financières. • Pour l'évaluer, on peut calculer la capacité de remboursement : $\frac{\text{Dettes fin. à + d'un an} - \text{Liquidités VMP}}{\text{CAF}}$ • Il est d'usage d'avoir un ratio < 3.

▶ Exemple

La société Longboard&Holidays a été créée il y a 5 ans à Lyon par deux jeunes entrepreneurs, Elsa Nalimé et Charlie Targui. La société est spécialisée dans la pratique du tourisme organisé par le biais de voyages en longboards à travers toute l'Europe. Longboard&Holidays est en pleine croissance et jouit de nombreux partenariats du tourisme.

Bilan financier de Longboard&Holidays par grandes masses au 31/12/N			
Actifs à + de un an corrigés	79 123,00	Passifs à + de un an corrigés	88 963,00
Actifs à – de un an corrigés	20 877,00	Passifs à – de un an corrigés	11 037,00
dont stocks	*7 654,00*		
dont disponibilités et VMP	*9 874,00*		
TOTAL ACTIF	100 000,00	TOTAL PASSIF	100 000,00
Informations au bilan comptable de Longboard&Holidays au 31/12/N			
Disponibilités et VMP	9 874,00	Capitaux propres	89 998,00
CAF	7 999,00	Dettes	28 963,00
EBE	9 888,00		

Actif à moins d'un an corrigé	20 877	Passif à plus d'un an corrigé	88 963
– Passif à moins d'un an corrigé	– 11 037	– Actif à plus d'un an corrigé	– 79 123
= FR financier	**9 840**	**= FR financier**	**9 840**

Actif circulant (à moins d'un an)	20 877	Actif circulant (à moins d'un an) – Stocks	13 223
Passif à moins d'un an	11 037	Passif à moins d'un an	11 037
Ratio de liquidité générale	**1,89**	**Ratio de liquidité réduite**	**1,20**

Trésorerie actif	9 874	Dettes nettes	19 089
Passif à moins d'1 an	11 037	CAF	7 999
Ratio de liquidité immédiate	**0,89**	**Capacité de remboursement (CAF)**	**2,39**

Dettes nettes = Dettes – (Liquidités + VMP) = 28 963 – 9 874 = 19 089

Dettes nettes	19 089	Dettes nettes	19 089
EBE	9 888	Capitaux propres	89 998
Capacité de remboursement (EBE)	**1,93**	**Ratio d'endettement**	**0,21**

Commentaire de la situation de Longboard&Holidays :

- Le FR financier est très largement positif. La situation est équilibrée et saine financièrement. Les actifs de plus d'un an sont largement couverts par des financements de plus d'un an.
- Le ratio de liquidité générale est satisfaisant car les actifs, s'ils étaient revendus, couvrent largement les passifs à moins d'un an et permettraient de respecter ses engagements.
- Le ratio de liquidité réduite est satisfaisant car l'actif circulant moins les stocks permettrait, très largement, en cas de revente de faire face au passif à moins d'un an.
- Le ratio de liquidité immédiate est supérieur à 0,6, repère attendu en général.
- La capacité de remboursement mesure le temps nécessaire pour rembourser les dettes. Le ratio est inférieur à 3.

- Cette évaluation du risque de non-remboursement est corroborée par le ratio dettes nettes/EBE, puisque le résultat de ce ratio indique une capacité de remboursement assez rapide des dettes nettes par l'EBE. Le seuil en général admis comme n'étant pas à dépasser est de 4.
- Le ratio d'endettement met en évidence la soutenabilité de la dette et l'exposition au risque. L'entreprise est ici dans une situation saine avec un ratio d'endettement à 0,21. ◂

4 Les garanties

Les **garanties** ou sûretés permettent de limiter le risque pris par les prêteurs et financeurs. En effet, en cas de défaillance de l'emprunteur, le prêteur peut vendre le bien ou faire payer le tiers qui s'y est engagé. Elles sont ainsi souvent exigées selon le contexte financier de l'entreprise.

Deux modalités existent : les garanties sont dites réelles lorsqu'elles portent sur un bien ; personnelles, dans les autres cas.

Garanties réelles et personnelles

Garanties réelles	Garanties personnelles
• Les garanties réelles regroupent essentiellement le nantissement (bien mobilier) et l'hypothèque (bien immobilier). • L'emprunteur donne à son créancier un droit sur un bien mobilier ou immobilier qu'il possède, en vue de garantir le remboursement de son prêt en cas de défaillance de sa part. • Lorsqu'elles sont utilisées, les garanties réelles comportent un coût qui vient majorer le coût du financement garanti.	• La plus fréquente est le **cautionnement** qui consiste, pour l'emprunteur, à trouver une personne (physique ou morale) acceptant de s'engager à rembourser le prêteur en cas de défaillance de sa part. • Le cautionnement comporte un coût dans de nombreux cas. • Il constitue un engagement hors bilan. • Il est parfois possible d'obtenir le cautionnement d'un organisme spécialisé (ex. : Bpifrance), avec des conditions plus facilitatrices.

LE + DE L'EXPERT

Sachez mobiliser plusieurs indicateurs afin de porter un regard pluriel sur la situation financière de l'entreprise. Comparez les valeurs de ces indicateurs dans le temps et dans l'espace.

37 La structure de financement

Mots-clés

Coût du capital • Endettement optimal • Faillite • Rentabilité • Risque • Structure

1 La relation entre le coût du capital et le taux requis par les actionnaires

A. Le coût du capital ou coût moyen pondéré du capital (CMPC)

Définition

Le **coût du capital** désigne le taux de **rentabilité** minimum que doivent générer les investissements pour répondre aux exigences de rentabilité des actionnaires et créanciers.

Le coût du capital peut être estimé en réalisant la moyenne arithmétique pondérée des coûts associés aux moyens de financement mobilisés. Les actionnaires et les prêteurs sont particulièrement sensibles à ce coût du capital car il permet de déterminer le taux de rendement attendu des apports de capitaux.

La rentabilité d'un projet d'investissement doit être au moins égale au coût du financement, donc au coût du capital. Il est ainsi utilisé dans les calculs de choix d'investissement au travers de la VAN.

Variables

- K : montant capitaux propres
- D : montant des dettes
- t : taux requis par les actionnaires
- t_d : taux d'intérêt net d'IS
- t_c : coût du capital

Formule

$$t_c = t\,\frac{K}{(K+D)} + t_d\,\frac{D}{(K+D)}$$

avec :

- K le montant des capitaux propres dont le coût est t ;
- D le montant des dettes dont le coût est t_d (après IS) ;
- t_c le coût du capital.

B. Les attentes de rentabilité des actionnaires

Le taux requis par les actionnaires mesure la **rentabilité** attendue en contrepartie des capitaux qu'ils risquent dans l'entreprise

Les attentes des actionnaires en matière de rendement minimum requis vont dépendre du marché financier, de l'endettement et des comparaisons dans le temps de ces rémunérations.

Plus le niveau d'endettement augmente… → … plus la rentabilité exigée par les actionnaires croît.

C. La structure du capital

La structure du capital reflète...

... les choix effectués pour financer les projets

... le ratio : dettes/capitaux propres

D. Les causes de l'évolution du taux requis des actionnaires

Le taux requis par les actionnaires est lié aux attentes de ces derniers mais également au **risque** pris par la société au regard de son endettement.

▶ **Exemple**

La société Mélina'4x4 a été créée il y a 3 ans par la championne de France de Trial 4x4, Mélina Sael. La société conçoit et fabrique des équipements pour la pratique du 4x4 de compétition. La société a dû emprunter pour équiper un bureau d'études, de tests et de conception de prototypes. Par ailleurs, les exigences sont fortes sur les taux requis par les actionnaires.

Mélina 4×4	Situation 1	Situation 2	Situation 3
Capitaux propres (CP) en €	200 000,00	150 000,00	100 000,00
Taux requis par les actionnaires	7,0 %	9,0 %	13,0 %
Dettes financières en €	0	50 000,00	100 000,00
Taux d'intérêt net d'IS	3,0 %	3,0 %	3,0 %
CMPC (taux)	7,0 %	7,5 %	8,0 %

Plus l'entreprise est endettée, plus le taux requis par les actionnaires est élevé afin de compenser le risque. À structure financière différente, les CMPC sont fluctuants et liés au taux requis par les actionnaires.

2 L'incidence de l'endettement et du risque de faillite sur le CMPC

A. Le risque de faillite et les coûts associés

Le coût du capital permet aux créanciers (capitaux propres et endettement) d'estimer la rémunération globale des capitaux et de mesurer le risque qu'ils prennent en finançant une entreprise. Un endettement excessif augmente le risque de défaillance (**faillite**).

Les coûts liés à un risque de faillite se déclinent en deux catégories :

Coûts directs	Coûts indirects
• Coûts de réorganisation • Frais de liquidation en cas de faillite avérée	• Perte de confiance des clients et fournisseurs • Départ de collaborateurs

L'ensemble de ces coûts est généralement plus élevé que l'avantage fiscal retiré de l'endettement. C'est pourquoi, en présence d'un risque de faillite, les actionnaires et les prêteurs augmentent les taux de rendement exigés.

B. Les liens entre effet de levier et risque de faillite

L'effet de levier est présent lorsque le taux de rentabilité financière après impôt est supérieur au taux de rentabilité économique après impôt. Deux situations sont possibles :

Taux de rentabilité économique supérieur au coût des capitaux empruntés → Effet de levier

Taux de rentabilité économique inférieur au coût des capitaux empruntés → Effet de massue

La présence d'un effet de massue génère un risque de faillite important. La surveillance de ces taux de rentabilité et coût des dettes est fondamentale pour appréhender le risque de faillite.

C. Les liens entre rentabilité économique et CMPC

Plus les coûts liés au risque de faillite sont en hausse, plus le résultat d'exploitation baisse ainsi que la rentabilité économique → Pour compenser ces risques, le coût du capital emprunté augmente ainsi que le taux requis par les actionnaires

▶ Exemple

La société Charlie&Elsa s'est spécialisée dans la conception et fabrication de vélos de compétition. Le secteur est très concurrentiel et un endettement croissant ces dernières années n'a pas permis de réelle performance. La dégradation des rentabilités est ainsi constatée :

Charlie&Elsa	N–2	N–1	N
Capitaux empruntés *D*	30 000,00	50 000,00	70 000,00
Capitaux propres *K*	60 000,00	60 000,00	60 000,00
Rapport *D*/*K*	**0,50**	**0,83**	**1,17**
Résultat d'exploitation net d'IS	3 600,00	2 880,00	2 160,00
Charges financières	1 200,00	2 750,00	4 200,00
Résultat de l'exercice net d'IS	2 736,00	900,00	– 864,00
Rentabilité économique après IS	**4,00 %**	**2,62 %**	**1,66 %**
Rentabilité financière	4,56 %	1,50 %	– 1,44 %
Effet de levier	**0,56 %**	**– 1,12 %**	**– 3,10 %**
Taux d'intérêt net d'IS	**2,88 %**	**3,96 %**	**4,32 %**
Taux requis par les actionnaires	5,00 %	7,00 %	9,00 %
Coût moyen pondéré du capital	**4,29 %**	**5,62 %**	**6,48 %**

La rentabilité économique se dégrade jusqu'à devenir inférieure au taux d'intérêt net d'IS provoquant un risque de faillite et un effet de massue. Le taux requis par les actionnaires et le taux d'intérêt ne cessent d'augmenter, d'où un CMPC en hausse sur les trois années.

❸ La recherche d'un endettement optimal

A. La structure financière optimale

Il est d'usage de penser qu'il existe une **structure** financière optimale qui minimise le coût du capital et maximise la valeur de l'entreprise. Le raisonnement de l'**endettement optimal** est le suivant :

Le coût des capitaux propres est supérieur au coût des dettes

➡ Donc le recours à la dette fait baisser le coût moyen du capital (CMPC)

➡ Mais, si ce recours devient trop important, le risque encouru par les actionnaires croît et ceux-ci exigent alors un taux de rémunération des capitaux propres plus élevé

➡ Simultanément, tous les créanciers relèvent leur exigence pour compenser l'élévation du risque

Le recours progressif à la dette fait d'abord baisser le coût du capital puis le fait remonter en raison des risques et de leurs impacts sur les attentes en rémunération tant des organismes de prêt que des actionnaires.

B. Les conséquences de la structure de financement

L'identification d'une structure financière optimale peut être représentée graphiquement.

Structure financière optimale

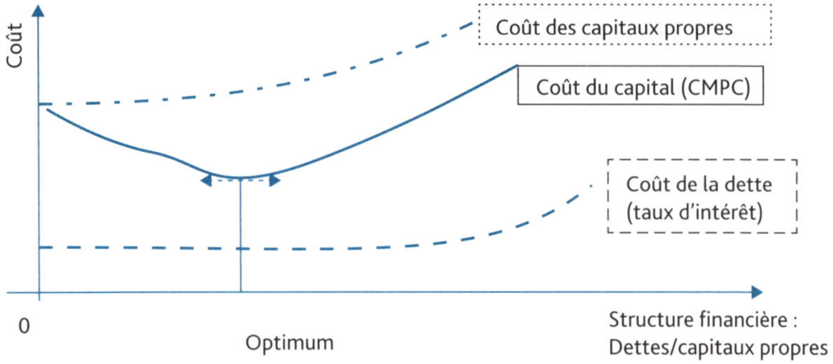

L'entreprise doit déterminer une structure financière optimale qui minimise le cout du capital et maximise la valeur de l'entreprise par le biais des rentabilités économique et financière performantes.

LE ✚ DE L'EXPERT

Sachez mesurer les risques pris dans le temps par l'entreprise en fonction de la structure de financement.

38 Le plan de financement : objectifs et construction initiale

Mots-clés

BFR • CAF • Mode de financement • Plan de financement initial • Trésorerie prévisionnelle

1 Les principes du plan de financement

Définition

Le **plan de financement initial** est un document prévisionnel récapitulatif, le plus souvent de 3 à 5 ans, permettant de juger de la pertinence d'un projet.

L'objectif est d'identifier la faisabilité du projet sur le plan de la **trésorerie prévisionnelle** durant les premières années de mise en œuvre du projet.

A. Le périmètre du plan de financement

Une seule activité ou un seul projet

- Il peut s'agir d'une création d'entreprise dont le plan va permettre de juger de la faisabilité.
- Une nouvelle filiale peut être créée d'où le besoin d'en vérifier le bien-fondé.
- Une nouvelle activité sur un secteur innovant ou en complément du portefeuille d'activités existantes peut nécessiter une attention particulière en isolant les données.

Un ensemble d'activités

- Le plan de financement peut être opportun dans un contexte de vérification de la performance de plusieurs voire toutes les activités d'une entreprise en termes de trésorerie.
- Il est parfois essentiel de présenter un plan de financement global pour convaincre des investisseurs de la bonne santé financière de l'ensemble de l'entreprise.

B. Les données liées au projet

La mise en œuvre du projet va mobiliser diverses données financières :

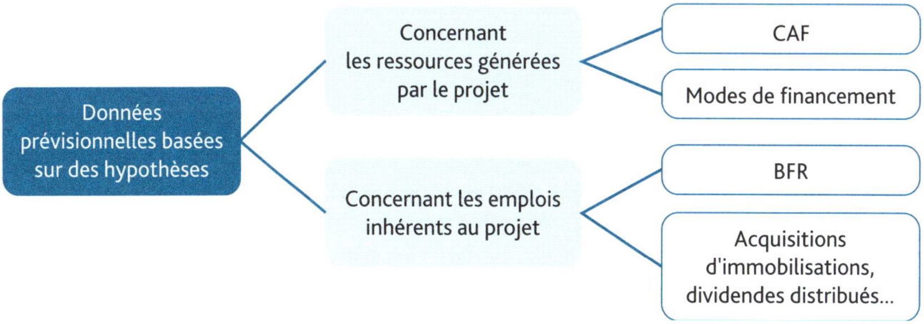

Le plan de financement ne fait pas l'objet de calculs d'actualisation, donc la prise en compte des dates exactes de réception des fonds ou des décaissements au sein d'une même période n'est pas attendue. Il est néanmoins parfois utile pour la première année d'en distinguer en deux colonnes, le début et la fin.

C. Le modèle de plan de financement initial

Il n'existe pas de présentation normalisée et officielle du plan de financement. Une présentation est donc proposée à titre indicatif où on peut isoler les données propres à un projet.

▶ Exemple

La société Arctic&Outdoor est spécialisée dans les vêtements pour climats extrêmement froids. Le bureau d'études vient de mettre au point des textiles techniques innovants conduisant la dirigeante, Mélina Bagnols, à réaliser des investissements.

Plan de financement initial en k€	N	N+1	N+2	N+3
Acquisition de bâtiments et machines	1600			
Augmentation du BFR	400	100	200	300
Total emplois	2000	100	200	300
CAF	600	700	750	800
Cessions d'éléments d'actif	200			
Total ressources	800	700	750	800
Écarts ressources – emplois	–1200	600	550	500
Trésorerie initiale	0	–1200	–600	–50
Trésorerie finale	–1200	–600	–50	450

D. Les constats tirés du plan de financement initial

Le plan de financement initial peut révéler un déséquilibre qui met en péril l'opportunité même du lancement du projet. Ce plan ainsi déséquilibré ne permet pas de présenter et négocier des **modes de financement** complémentaires auprès des financeurs.

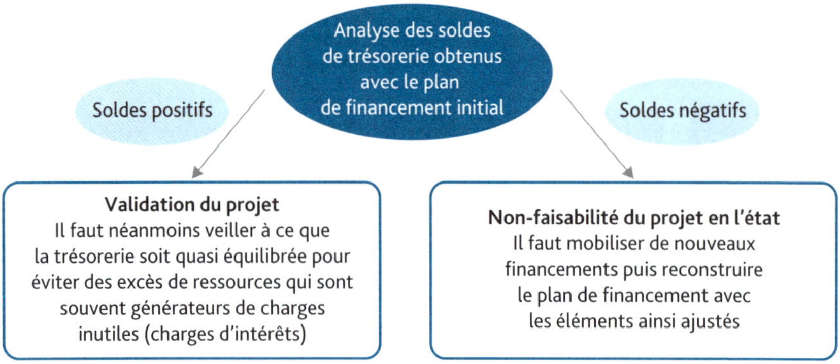

LE + DE L'EXPERT

Sachez identifier avec fiabilité toutes les données nécessaires au plan de financement initial.

39 Le plan de financement : équilibrage du plan initial

Mots-clés

Choix de financement • Crédit-bail • Emprunt • Plan de financement initial • Ressource financière

1 Le plan de financement redéfini avec des modalités d'équilibrage

Le **plan de financement initial** (↪ fiche 38) doit être repensé, en cas de déséquilibre, afin d'obtenir un document prévisionnel équilibré où les ressources couvrent les emplois.

A. Les modalités d'équilibrage du plan de financement

La constatation d'un plan de financement déséquilibré ou mal équilibré nécessite d'agir afin de présenter un document satisfaisant permettant de rendre le projet faisable ou en optimisant les **ressources financières**.

Rééquilibrer le plan de financement

- **Emprunt** bancaire
- **Emprunt** obligataire
- **Emprunt** participatif
- **Crédit-bail** avec option d'achat ou location sans option d'achat
- **Augmentation de capital :**
  - subventions d'investissement
  - cession d'autres éléments d'actif
  - investissements revus à la baisse
  - dividendes

B. Le choix des financements à mobiliser

Le **choix des financements** nouveaux obéit à certaines volontés :

- Une société peut privilégier des financements sous formes d'**emprunts** afin de ne pas augmenter le capital, risquant ainsi de modifier la gouvernance actionnariale.
- Dans d'autres cas, le taux d'endettement est déjà tel que le recours à l'emprunt n'est plus envisageable : les banques refuseraient de prêter davantage.
- Dans d'autres contextes, le mode de financement à privilégier est celui qui peut être décidé de façon indépendante sans être tributaire d'une réponse extérieure (banque).
- La santé financière actuelle de la société peut ne pas être satisfaisante, le projet étant une dernière tentative de développement, les financements doivent être adaptés.
- L'accueil du projet peut ne pas être favorable aux yeux des actionnaires actuels ou du marché financier en général, les modes de financements sont sous contraintes.

Quelles que soient les alternatives de financement accessibles à l'entreprise, plusieurs critères conditionnent les décisions.

Critères de choix des sources de financement

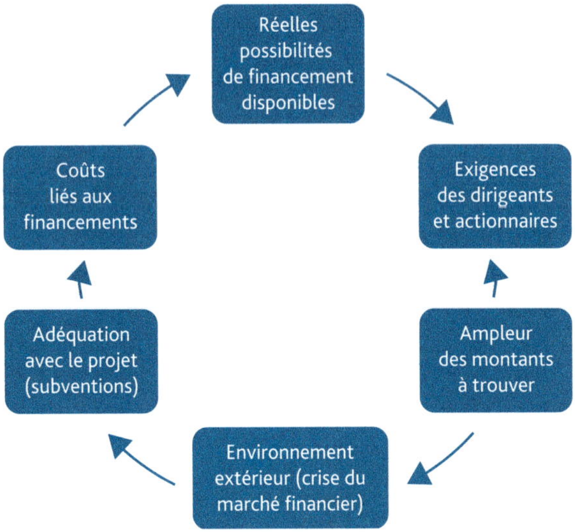

2 Le modèle du plan de financement rééquilibré

Le plan de financement initial réalisé est le socle de l'équilibrage à déclencher.

A. La méthode de calcul des rééquilibrages

Plusieurs façons de faire se rencontrent :

Modification du plan de financement initial	Reconstruction nouvelle de toutes les données
• Les données du plan de financement initial sont reprises mais recalculées en fonction des nouveaux choix effectués. • Par exemple, la CAF initialement prévue est présentée aux côtés des impacts de nouvelles charges financières nettes d'IS liées à un nouvel emprunt.	• L'ensemble des données sont reprises dans un plan de financement entièrement reconstruit. • La nouvelle CAF est recalculée et apparait seule sans réutilisation de celle précédemment calculée.

B. Le réajustement du plan de financement initial

Une fois identifiés les éléments nouveaux à mobiliser, un nouveau plan est établi.

▶ Exemple

La société Arctic&Outdoor, au regard des éclaircissements mis en avant par le plan de financement initial (↪ fiche 38), a collecté de nouvelles données pour améliorer la faisabilité de son projet. La dirigeante, Mélina Bagnols, doit repenser les ressources mobilisées.

Plusieurs nouveaux modes de financements sont proposés (année N) en complément :
- emprunt bancaire de 800 k€ de 4 ans avec annuités constantes au taux de 4 % ;
- augmentation de capital de 250 k€ ;
- subvention d'investissement de 50 k€.

De nouveaux emplois sont prévus :
- dividendes liés à la nouvelle augmentation de capital : 0 en N, 50 k€ en N+1, 70 k€ en N+2 et 150 k€ en N+3 ;
- le tableau de remboursement de l'emprunt se présente ainsi :

Années	Capital restant dû	Intérêts	Amortissements	Annuités
1	800	32	188	220
2	612	24	196	220
3	416	17	204	220
4	212	8	212	220

La société a fait le choix d'une reconstruction nouvelle des données. La CAF doit être recalculée en raison des charges d'intérêts liées à l'emprunt.

Plans de financements (en k€)	N	N+1	N+2	N+3
Acquisition bâtiments et machines	1600	–	–	–
Augmentation du BFR	400	100	200	300
Distribution de dividendes	0	50	70	150
Total emplois	**2000**	**150**	**270**	**450**
Emprunt bancaire	800	–	–	–
Augmentation de capital	500	–	–	–
Subvention d'investissement	50	–	–	–
CAF rectifiée avec les intérêts	577	682	738	794
Cessions d'éléments d'actif	200	–	–	–
Total ressources	**2077**	**682**	**738**	**794**
Écarts ressources – emplois	77	532	468	344
Trésorerie initiale	0	77	609	1077
Trésorerie finale	77	609	1077	1421

On constate que ce plan de financement est équilibré avec une trésorerie positive chaque année. Il est ainsi présentable auprès des parties prenantes internes et externes. Cependant il est nécessaire d'obtenir un équilibre dès la première année en raison des risques inhérents à toute prévision. Remarquons que les excédents de trésorerie des trois dernières années laissent à penser qu'il faudrait mieux optimiser les ressources (remboursement de l'emprunt plus rapide, par exemple). ◄

C. L'optimisation des ressources financières

Un plan de financement doit être équilibré, c'est-à-dire sans excès, ni négatif ni positif, ce qui appelle plusieurs remarques :

- il serait parfois judicieux, si c'est possible, d'étaler les entrées de ressources pour coïncider au mieux avec les moments des besoins en emplois ;
- il peut être envisagé de réaliser des placements de trésorerie à court ou moyen terme en fonction des prévisions ;
- en fonction des résultats obtenus, une arrivée des investissements étalée dans le temps peut pallier le manque de financements une année donnée.

LE + DE L'EXPERT

Sachez présenter plusieurs plans de financement en fonction des différents scénarios possibles, notamment en étalant les entrées de ressources et en envisageant des placements de trésorerie à court et moyen termes.

40 Le plan de financement : méthodologie du commentaire structuré

Mots-clés

Business plan • **Emploi stable** • **Fiabilité des données** • **Plan de financement équilibré** • **Plan de financement initial** • **Ressource durable** • **Prévisionnel** • **Trésorerie**

1 Les arguments à mobiliser autour du plan de financement

Définition

Le plan de financement est l'aboutissement de données de flux de **trésorerie** identifiés et collectés. Le **plan de financement initial** puis, si besoin, **le plan de financement équilibré** résultent d'une démarche qui doit aboutir à une solution optimale.

Chacun de ces flux est le résultat d'un choix argumenté des ressources durables et emplois stables mobilisés.

La faisabilité du projet doit être matérialisée par un solde de trésorerie équilibré sur la durée du plan, en général, de 3 à 5 ans.

A. Les équilibres à souligner dans l'argumentaire

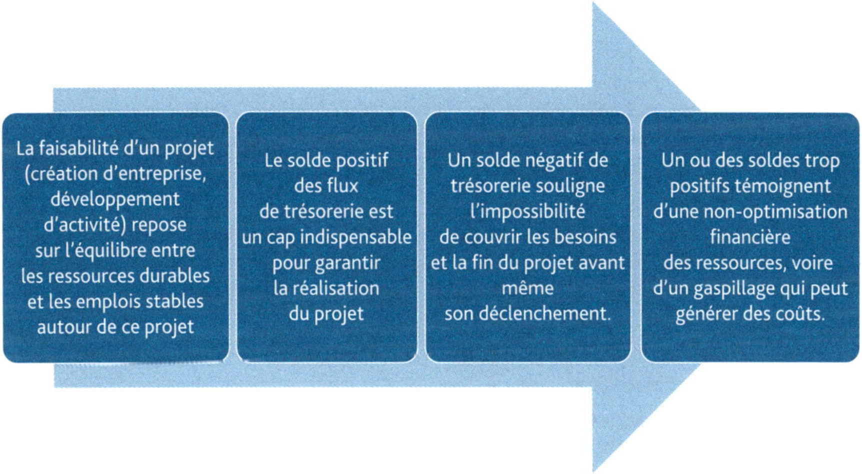

B. Le *business plan* et le plan de financement

Le plan de financement reste un passage obligé au sein d'un *business plan* pour attirer et convaincre les investisseurs :

- Légitimité du projet sur le plan concurrentiel
- Mesure des besoins de financement à pourvoir et à justifier avant leur obtention

C. Le manque de fiabilité des informations exploitées

Une des grandes limites de la construction d'un plan de financement est l'origine et le calcul des données liées au **prévisionnel** de vente notamment.

Des ressources prévisionnelles au plan de financement

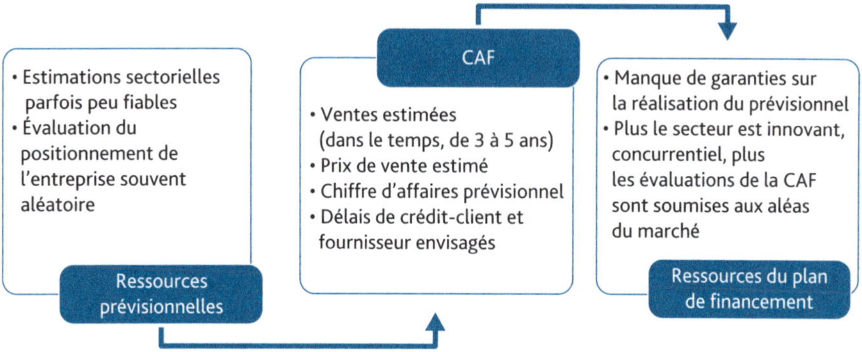

2 Les conseils méthodologiques applicables au commentaire structuré

A. La mise en œuvre en contexte

▶ Exemple

Deux entrepreneurs, Lucas Gambas et Mélina Marcheur souhaitent créer à Lyon la société TreckRando afin de concevoir et fabriquer des longboards de compétition et de loisirs dans des matériaux et des caractéristiques totalement innovants. Ils ont réussi à intégrer dans les actionnaires potentiels deux ingénieurs, Charlie Tesnan et Hugo Ryc. Chaque actionnaire potentiel serait ainsi à même d'apporter 100 000 € chacun pour Lucas et Mélina et 80 000 € chacun pour Charlie et Hugo.

Lucas Gambas et Mélina Marcheur ont pris de nombreux contacts sur des salons professionnels et salons des entrepreneurs afin d'évaluer le marché et le réalisme du projet. Ils se sont fait aider par un expert-comptable, pour l'évaluation du compte de résultat et bilan prévisionnels.

Divers entretiens avec des banques et plateformes de financement participatifs ont permis aux entrepreneurs construire un plan de financement à peu près équilibré.

Ils doivent désormais finaliser leur projet afin de le présenter en banque et trouver un ou des actionnaires pour les 40 000 € manquants. Une actionnaire potentielle semble intéressée, Elsa Nalimé, rencontrée sur le salon des entrepreneurs nantais.

Commenter le plan de financement ainsi proposé. Semble-t-il pertinent ? ◀

B. Le commentaire du plan de financement

La société TreckRando a établi le plan de financement suivant :

	N	N+1	N+2	N+3
Acquisition bâtiment	1 000 000			
Acquisition matériel industriel	400 000	104 000		
Acquisition immobilisations incorporelles	100 000			
Variation du BFRE	300 000	50 000	100 000	150 000
Remboursement capital emprunté	34 892	35 939	37 017	38 128
Distribution de dividendes				
Total Emplois	**1 034 892**	**189 939**	**137 017**	**188 128**
Emprunt bancaire	400 000			
Emprunt participatif (remboursement *in fine*)	50 000			
Apport en capital	400 000			
Subvention d'investissement	30 000			
CAF prévisionnelle	158 000	186 500	270 000	400 000
Total Ressources	**1 038 000**	**186 500**	**270 000**	**400 000**
Écarts Ressources – Emplois	3 108	– 3 439	132 983	211 872
Trésorerie initiale	0	3 108	– 331	132 652
Trésorerie finale	**3 108**	**– 331**	**132 652**	**344 524**

C. La méthodologie à appliquer

1. Introduction

Rappel du contexte	Formulation de la problématique

↓

2. Constats

Reprendre les données présentes dans le plan de firnancement	Choisir d'exploiter et expliquer les données les plus significatives	Ne pas recopier toutes les données chiffrées, il faut faire des choix

↓

3. Analyse

Formuler des conseils au regard des données issues du plan	Souligner les risques de non fiabilité dans les donnée	Évoquer le besoin d'optimisation financière

↓

4. Conclusion

Conclure sur le maintien ou l'abandon du projet	Souligner le besoin de procéder à un nouvel équilibrage du plan

D. La réussite du commentaire

Le barème à l'examen prend en compte :

- L'utilisation des mots-clés du programme. Pour le plan de financement, on retiendra notamment les termes suivants : ressources durables, emplois stables, BFRE, variation du BFRE, CAF prévisionnelles, réalisme du projet.
- La structuration des propos : il faut proposer une réponse rédigée et organisée (introduction, constats, préconisations et analyse puis conclusion). Sauter des lignes pour rendre visible la structuration. L'utilisation de titres est possible.
- Une réponse avec des mots-clés et des tirets ne correspond pas aux attentes.

E. Le commentaire structuré

- **Introduction.** La société TreckRando est en phase d'être créée autour de deux entrepreneurs, Lucas Gambas et Mélina Marcheur et deux actionnaires supplémentaires, Charlie Tesnan et Hugo Ryc. Il est indispensable d'établir un plan de financement afin de convaincre de nouveaux actionnaires et les établissements de crédits du réalisme du projet puisque des emprunts et apports en capital sont attendus. Une subvention d'investissement est également prévue, dont il faudra légitimer la demande auprès des organismes publics concernés.
- **Constats.** La société TreckRando semble être basée sur un projet viable puisque le plan de financement est globalement équilibré. Les ressources durables couvrent les besoins stables. On peut constater cependant que :
  - Les soldes de trésorerie sont irréguliers avec un pic à – 331 € en N+1 et un autre à + 344 524 € en N+3. La trésorerie est excessivement positive en année N+3.
  - Seul le BFRE d'exploitation a été envisagé, seule information réellement utile pour une création d'entreprise et un plan de financement.
  - Les ressources durables sont bien positionnées en début de projet pour en assurer les acquisitions d'immobilisations indispensables dès le départ.
- **Analyses et préconisations.** Le plan de financement étant établi sur des données prévisionnelles (compte de résultat et bilan prévisionnels pour établir la CAF), il est dangereux de laisser en fin N+1 un solde de trésorerie finale négatif, même s'il est très peu élevé (– 331 €). L'incertitude pesant sur la CAF prévisionnelle conduit à la prudence et à la recherche d'un équilibre sur chaque période.

  En revanche, le solde de 344 524 € en N+3 doit être repensé afin de ne pas gaspiller des ressources. Un remboursement d'emprunt plus rapide permettrait probablement de limiter les charges d'intérêts sur la totalité du plan.
- **Conclusion.** La société TreckRando présente un projet réaliste. Il faudra expliquer aux investisseurs les modes de calculs du prévisionnel de ventes afin de comprendre la CAF prévue. Le projet, à part le petit ajustement de fin N+1, peut être validé.

LE + DE L'EXPERT

Il ne faut en aucun cas commenter de façon exhaustive les données chiffrées du plan de financement : sachez choisir les données les plus significatives.

41 La gestion de trésorerie : budget de trésorerie

Mots-clés

Budget des encaissements • Budget des décaissements • Budget de trésorerie • Charge décaissable • Produit encaissable • Trésorerie prévisionnelle

Définition

Le **budget de trésorerie** est un document interne à l'entreprise détaillant les prévisions mensuelles de trésorerie pour une durée de quelques mois à 1 an.

1 L'origine des informations

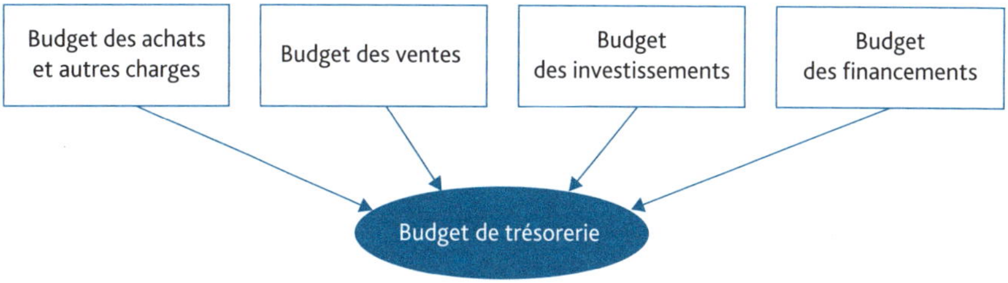

L'ensemble des budgets prévisionnels (budget des achats, des ventes, etc.) établis par l'entreprise fournit les informations prévisionnelles nécessaires à l'élaboration du budget de trésorerie.

Cependant, ces informations ne peuvent être reprises sans retraitement.

Ce travail s'effectue automatiquement grâce aux logiciels informatiques.

▶ Exemples

- En cas de crédit accordé aux clients, il faut calculer les mois du règlement.
- Il faut rajouter la TVA alors que les budgets sont généralement HT. ◀

2 Les tableaux annexes au budget de trésorerie

Pour bâtir le budget de trésorerie, Il est nécessaire au préalable de regrouper les encaissements, les décaissements et d'établir un budget de la TVA

A. Quelques remarques préalables

- On ne retient que :
  - les **produits encaissables**, ce qui exclut les reprises et les quotes-parts de subventions virées au résultat ;
  - les **charges décaissables** (on ne prend pas les dotations, la VCEAC, les variations de stock et le résultat).

• Sommes TTC

On considère les montants encaissés et décaissés, donc des montants TTC pour les postes soumis à la TVA.

B. Quelques exemples de tableaux annexes

Tableau des encaissements N

	Janv. N	Fév. N	...	Nov. N	Déc. N
Créances décembre N–1					
Ventes janvier N					
Ventes février N					
...					
Autres encaissements					
Total Encaissements					

Tableau des décaissements N

	Janv. N	Fév. N	...	Nov. N	Déc. N
Fournisseurs décembre N–1					
Décaissements sur achats					
Salaires					
Charges sociales					
Charges externes					
TVA à payer					
Investissements					
...					
Total Décaissements					

La TVA à payer

Un tableau annexe pour la TVA permet de déterminer les montants dus pour chaque mois (TVA à payer).

La TVA calculée pour un mois est réglée le mois suivant.

▶ Exemple

Les prévisions d'activité pour le 1er trimestre N sont les suivantes (en k€) :

Mois	Janvier	Février	Mars
Ventes HT de marchandises	10 000	10 000	12 000
Achats HT de marchandises	5 000	–	8 000
Frais de personnel	1 000	1 000	1 000
Frais de distribution HT	2 000	2 000	2 600

Autres informations

- Fournisseurs de marchandises : crédit de 30 jours
- Clients : crédit de 30 jours fin de mois
- Frais de distribution : règlement au comptant
- TVA : 20 %
- Bilan N-1 : Clients : 5 000 ; TVA à payer : 250 ; Fournisseurs : rien ; Trésorerie : 100.

La présentation du budget des encaissements et décaissements

Budget des encaissements

Mois	Janvier	Février	Mars
Clients au bilan	5 000		
Ventes TTC		12 000	12 000
Total	5 000	12 000	12 000

Le budget de la TVA est nécessaire à l'élaboration du budget des décaissements.

Budget de la TVA

Mois	Janvier	Février	Mars
TVA collectée	2 000	2 000	2 400
TVA déductible	1 400	400	2 120
TVA à payer	600	1 600	2 80

La TVA calculée sur un mois est réglée le mois suivant.

Budget des décaissements

Mois	Janvier	Février	Mars
Achats TTC	–	6 000	–
Frais de personnel	1 000	1 000	1 000
Frais de distribution TTC	2 400	2 400	3 120
TVA à payer	250	600	1 600
Total des décaissements	2 650	10 000	5 720

3 Le budget de trésorerie au sens strict

L'objectif est de :

- calculer les variations prévisionnelles mensuelles de trésorerie ;
- évaluer la **trésorerie prévisionnelle** à la fin de chaque mois.

Il n'existe aucun modèle normalisé de présentation. La présentation varie selon la taille, le secteur d'activité, l'organisation, etc.

Il peut être utile de séparer les postes d'exploitation et les poses hors exploitation de façon à faire apparaître la variation de l'excédent de trésorerie d'exploitation (ETE) mensuelle.

Budget de trésorerie

	Janvier N	Février N	...	Nov. N	Déc. N
Trésorerie initiale + Total des encaissements – Total des décaissements					
Écart de trésorerie Trésorerie finale					

▶ Exemple

Présenter le budget de trésorerie correspondant à l'exemple précédent.

Budget de trésorerie

Mois	Janvier	Février	Mars
Trésorerie initiale	100	2 450	4 450
Total encaissements	5 000	12 000	12 000
Total décaissements	2 650	10 000	5 720
TVA à payer	2 450	4 450	10 730

LE + DE L'EXPERT

N'oubliez pas de prendre en compte les postes du dernier bilan (N–1) susceptibles d'entraîner des règlements en N : clients, fournisseurs, TVA à payer.

42 La gestion de trésorerie : équilibrage

Mots-clés

Besoin en fonds de roulement • Équilibrage • Fonds de roulement • Liquidité • Prévision de trésorerie • Trésorerie négative • Trésorerie positive • Trésorerie zéro

1 La problématique

La trésorerie réelle ou prévisionnelle est alternativement positive et négative :

- Une **trésorerie positive** correspond à un manque à gagner. L'argent en excédent n'est pas ou est faiblement rémunéré.
- Une **trésorerie négative** engendre plus de frais quand le financement nécessaire n'a pas été préparé.

L'objectif du trésorier est d'aboutir à une **trésorerie zéro**.

Malgré les efforts du trésorier pour équilibrer la trésorerie, les soldes réels seront différents des prévisions et nécessiteront des ajustements à très court terme.

2 L'équilibrage de la trésorerie

A. Les financements et placements

Afin d'atteindre l'**équilibrage** de la trésorerie, le trésorier doit choisir des financements pour combler les déficits et trouver des placements pour les excédents (↳ fiche 43).

Critères de choix des financements :

– la durée du déficit ou du placement ;

– l'accessibilité (certains crédits ou placements sont réservés aux grosses sociétés) ;

– le coût (↳ fiches 43 et 44).

Le choix des placements d'excédents est basé sur la durée, le montant (souscrire à un TCN suppose un excédent d'un montant d'au moins 150 000 €), la sécurité (les placements risqués sont à exclure, en principe), le rendement, la **liquidité** : en cas de nécessité, il faut que les sommes placées puissent être récupérées facilement.

B. Les autres actions

Renforcement du FRNG	Modification des dates de réglements	Accords ponctuels
↓	↓	↓
Si la trésorerie est durablement négative	Pour équilibrer les entrées et sorties de liquidités	Pour accélérer un encaissement ou retarder un paiement et annuler ou réduire un déficit

43 Le financement des déficits de trésorerie : modalités

Mots-clés

Affacturage • Crédit de campagne • Crédit spot • Découvert • Escompte • Ligne de crédit • Marché monétaire • Titre de créance négociable

1 Les crédits bancaires

A. L'escompte

Définition

L'**escompte** consiste à céder des effets de commerce à la banque, avant leur échéance.

La banque porte au compte de l'entreprise le nominal des effets diminué des agios, soit un montant net d'agios.

Conséquence, l'entreprise doit remettre à l'escompte un montant supérieur au besoin à financer. La banque peut fixer un plafond d'escompte et refuser les effets lui paraissant trop risqués. En cas d'impayé, la banque se retourne en principe contre le tireur (l'émetteur des effets).

B. Le découvert

Définition

La banque autorise l'entreprise à avoir un compte débiteur, jusqu'au montant du plafond autorisé : c'est le **découvert**.

Le plafond de découvert est fixé en fonction de plusieurs critères : taille, situation financière.

Il existe différentes formes de découvert :

– la facilité de caisse, de courte durée (quelques jours) pour des déficits ponctuels ;

– le découvert classique, d'une durée plus longue ;

– le crédit de campagne.

Définition

Le **crédit de campagne** sert à financer les entreprises ayant une activité saisonnière avec de fortes fluctuations des stocks.

Le crédit de campagne peut prendre la forme d'un découvert ou se présenter sous la forme de billets financiers à escompter. La banque peut exiger une garantie (nantissement du stock).

C. Le crédit spot

Définition

Le **crédit spot** est un crédit de courte durée (10 jours, voire moins, à 3 mois) accordé par une banque pour financer un besoin ponctuel et important.

Les taux sont faibles taux mais toutes les sociétés n'y ont pas accès.

D. Les lignes de crédit

Définition

Une **ligne de crédit** est une autorisation de tirer des fonds sur un compte bancaire, à tout moment et jusqu'à un plafond, pendant une période préalablement déterminée.

Les lignes de crédit à court et moyen terme sont plutôt réservées aux grandes sociétés qui les négocient auprès d'une ou plusieurs banques (syndicat de banques).

2 Les titres de créance négociables à court terme

A. Le marché monétaire

Définition

Le **marché monétaire** est le marché des capitaux à court et moyen terme.

Le marché monétaire comprend deux compartiments :

– le marché interbancaire ;

– le marché des titres de créance négociables.

Le marché interbancaire

C'est le marché réservé aux banques ; elles s'échangent des actifs financiers (crédits) en fonction de leurs besoins.

La Banque centrale européenne (BCE) intervient pour agir sur les liquidités du marché et pour fixer un taux directeur (0 % en 2019).

Des taux d'intérêt à court terme se déterminent sur le marché interbancaire :

▶ **Exemples**

- EONIA (taux au jour le jour) : moyenne pondérée des prêts à 24 heures entre les principales banques.
- EURIBOR (Euro Interbank Offered Rate) : taux moyens calculés sur différentes durées (Euribor 1 mois, 2 mois,..., jusqu'à 12 mois). ◀

Ces taux sont très utilisés dans certains crédits à court terme ; ils servent en particulier pour les crédits spot, les titres de créance négociables et les lignes de crédit.

Le marché des titres de créance négociables (TCN)

Définition

Un **titre de créance négociable** est un titre émis par les très grandes entreprises et par les banques pour se financer directement sur le marché monétaire.

Il existe :

– des TCN à court terme < 1 an ;

– des TCN à moyen terme ≥ 1 an.

B. Les titres de créance négociables à court terme

L'émission de TCN est soumise à des conditions strictes et est limitée aux grosses sociétés.

Un dossier doit être déposé de la Banque de France qui surveille le fonctionnement de ce marché.

Montant minimum	150 000 €
Durée	De quelques jours à 1 an
Taux	Faibles (proches de ceux du marché monétaire ; exemple : Euribor))
Liquidité	Bonne (grand nombre de titres en circulation)
Emission	En continu en fonction des besoins

3 L'affacturage

Définition

L'**affacturage** consiste à déléguer à uns société financière spécialisée, le factor, la gestion, voire la propriété des créances commerciales.

Le factor est en général la filiale d'une banque (Crédit Agricole, BNP-Paribas, etc.). Il dispose d'un personnel spécialisé dans la gestion et le recouvrement des créances.

Prestations

Gestion des créances clients	Rachat des créances	Garantie
Comptabilisation, encaissement, relance des clients	Avance de liquidités en échange des créances.	La plupart du temps, le risque d'impayé reste à la charge du factor.

En cas de cession de créance :

- Un contrat d'affacturage précis doit être établi entre le factor et l'entreprise adhérente.
- Le factor peut fixer un plafond de crédit par client de l'adhérent.
- Le factor effectue un virement sur le compte de l'adhérent ; à l'échéance, le client règle sa dette au factor.

L'affacturage est de plus en plus utilisé par des entreprises de toutes tailles.

LE + DE L'EXPERT

- Seules les grosses sociétés peuvent prétendre à certains types de crédits, comme l'émission de TCN ou une ligne de crédit complète.
- Les grosses sociétés peuvent généralement bénéficier de taux plus favorables proches de ceux, très bas, du marché monétaire.

44 Le financement des déficits de trésorerie : coûts et négociation

Mots-clés

Agios • Commission d'endos • Commission financière • Commission fixe • Commission d'affacturage • Commission du plus fort découvert • Taux de revient

1 Le coût des principaux financements à court terme

Fréquemment, le coût d'un financement est la somme de plusieurs éléments :

- intérêts ;
- commissions ;
- frais de dossier, etc.

La banque facture des agios.

Définition

On appelle **agios** le total des frais prélevés par la banque lors d'une opération de crédit.

A. Le coût de l'escompte

Éléments du coût de l'escompte

Durée	Intérêts débiteurs	Commissions
Durée comprise entre la date de négociation (exclue) et la date d'échéance incluse. Certaines banques rajoutent 1 ou 2 jours (jours de banque) à la durée calculée.	Le taux utilisé est le total : Taux d'escompte + Commission d'endos (taux supplémentaire) 1 an = 360 jours	Commission de manipulation : **commission fixe** par effet négocié (montant variable selon les banques).

▶ **Exemple**

Le 25 mai N, une entreprise remet à l'escompte 5 effets à échéance du 15 juin, pour un montant total de 30 000 €.
Taux d'escompte : 5 % ; commission d'endos : 0,60 % ; commission fixe : 8 € par effet ; pas de jour de banque.

Coût de l'opération

L'argent sera crédité sur le compte le 26 mai.
Durée d'escompte : 6 (mai) + 15 (juin) = 21 jours

Intérêts débiteurs : $\frac{30\,000 \times (0{,}05 + 0{,}006) \times 21}{360}$	98
Commissions : 8 × 5	40
Total	**138 €**

B. Le coût du découvert

Éléments du coût du découvert

Durée	Intérêts débiteurs	Commissions
Durée exacte du découvert sur le compte bancaire.	Le taux utilisé est celui annoncé par la banque. 1 an = 360 jours	Commission du plus fort découvert (CPFD) : 0,05 % du plus fort découvert du mois. Maximum : la moitié des intérêts débiteurs du mois.

▶ Exemple

Soit un découvert durant 18 mai inclus au 30 mai inclus. Montant : 100 000 € ; taux : 6,1 % ; commission du plus fort découvert : 0,05 %.

Coût du crédit

Durée du découvert : 13 jours

Intérêts débiteurs : $\frac{100\,000 \times 0{,}061 \times 13}{360}$ 220,28

CPFD : 100 000 × 0,05 % 50

Total **270,28 €**

C. Le coût de l'affacturage

Le factor se rémunère principalement grâce à deux commissions.

Double commission du factor

Commission financière	Commission d'affacturage
• Rémunère l'avance de trésorerie obtenue grâce à la cession des créances. • Le taux est variable (ex. Taux Euribor + Marge)	• Calculée sur le montant des factures cédées, elle rémunère la gestion du poste client ainsi que la garantie relative aux impayés. • Le taux varie de 0,4 à 1 %.

▶ Exemple

Soit une société ayant un contrat avec une société d'affacturage pour toutes ses créances :

- Montant des créances annuelles cédées : 480 000 €. Commission d'affacturage : 0,40 %
- Commission de financement : 2,5 %
- Coût annuel du crédit :
  - Commission d'affacturage : 480 000 × 0,0040 1 920 €
  - Commission de financement : 480 000 × 0,025 12 000 €

Total **13 920 €**

2 Le taux de revient d'un crédit

Définition

Le **taux de revient** d'un crédit est le taux réellement supporté compte tenu des frais et des conditions d'utilisation de ce crédit.

$$F = \frac{C \times t \times d}{365}$$

- t = taux de revient du crédit
- d = durée du crédit
- C = montant du crédit
- F = total des frais

▶ Exemple

Reprenons l'exemple précédent relatif au découvert. De 100 000 €.
On a :

$$\frac{100\,000 \times t \times 13}{365} = 270{,}28$$

D'où t = 0,0759 = **7,59 %**
La différence entre le taux réel et le taux nominal (7,59 % – 6,1 % =1,49 %) est imputable à la CPFD. ◀

3 La négociation

A. Le coût et les conditions d'utilisation d'un crédit

Le coût dépend également des conditions (montant du crédit, dépassement du plafond, etc.).

▶ Exemples

- En cas de recours à l'escompte, la date d'échéance des effets peut être sensiblement postérieure à la fin du déficit ce qui augmente le coût. De plus, les banques exigent souvent un minimum de 10 jours d'agios.
- La CPFD a un impact d'autant plus grand que la durée du découvert est plus courte (jusqu'à la moitié du taux). Il est peut-être donc préférable de renoncer au découvert pour des déficits de très courte durée (si le découvert est le seul du mois). ◀

B. La négociation des coûts et des conditions

Il est possible de négocier de meilleures conditions avec les banques au niveau des taux, des commissions, etc.

▶ Exemples

- La CPFD peut être calculée sur le découvert moyen et non sur le plus fort découvert du mois.
- La CPFD peut être remplacée par un taux de 0,60 %. ◀

LE + DE L'EXPERT

Compte tenu des frais annexes et des conditions imposées par les banques, le taux réel d'un crédit est généralement supérieur au taux nominal.

45 Le placement des excédents de trésorerie sur les marchés financiers

Mots-clés

Actif risqué • Compte à terme • Diversification • Espérance de rentabilité • Risque de marché • Risque global • Risque spécifique • Sicav

1 Les principales modalités de placement à court terme

A. Les produits bancaires

Les comptes à terme (de 1 mois à 2 ans)

Définition

Un **compte à terme** est une immobilisation d'un certain montant sur un compte bancaire.

La rémunération des comptes à terme, fonction du taux Euribor, est très faible.

Les parts d'OPCVM

Définition

Les OPCVM sont des organismes de placement collectif en valeurs mobilières. Les plus connus sont les **Sicav** (sociétés d'investissement à capital variable).

Il existe de nombreux types de Sicav : Sicav monétaires, Sicav actions, Sicav obligations, Sicav diversifiées, etc.

Les placements en parts de Sicav monétaires sont les moins risqués.

Une Sicav monétaire est une Sicav composée de placements de trésorerie (TCN, obligations en fin de vie, bons du Trésor, etc.). Elle permet ainsi de rémunérer un excédent de liquidités à court terme sans trop de risques. La contrepartie, c'est que lorsque les taux sont bas, le rendement est faible.

Les autres Sicav sont plus exposées au risque.

B. Les titres de créance négociables à court terme

Le montant minimum (150 000 €) de ces titres, émis par des banques ou de très grosses sociétés, limite leur utilisation comme moyen de placement.

Les taux proposés, proches de ceux du marché monétaire, sont faibles.

C. La gestion directe de valeurs mobilières

Elle exige des compétences solides ou le recours à des spécialistes.

En effet ce type de placements peut être risqué.

Les actifs risqué et non risqué

Définition

Contrairement à un **actif risqué**, un actif financier non risqué présente une rentabilité connue et un remboursement certain.

Actif risqué	Actif non risqué
Rentabilité incertaine	Rentabilité et remboursement certains
Ex. : actions	Ex. : obligations à taux fixe émises par l'État

La rémunération des actifs risqués (rentabilité non connue et donc incertaine) est supérieure à celle des actifs non risqués ; on a :

Taux de rentabilité d'un actif risqué = Taux de rentabilité d'un actif non risqué + Prime de risque

2 La rentabilité et le risque d'une action

A. La rentabilité d'une action

Elle se calcule à partir d'une série de cours (annuels, mensuels, etc.) :

– soit passés ;

– soit estimés (prévisionnels) : dans ce cas, il s'agit d'une **espérance de rentabilité**.

▶ Exemple

	Janvier	Février	Mars	Avril	Mai	Juin
Cours fin de mois	104	108	107	113	112	116

Le cours était de 102, fin décembre.

Le calcul des rentabilités mensuelles

– janvier : (104 – 102)/102 = 1,96 %
– février : (108 – 104)/104 = 3,84 %, etc.

	Janvier	Février	Mars	Avril	Mai	Juin
Rentabilité mensuelle	1,96 %	3,84 %	– 0,09 %	4,67 %	– 0,088 %	3,57 %

Le calcul de la rentabilité mensuelle moyenne

$$\frac{1{,}96\ \% + 3{,}84\ \% + \ldots + 3{,}57\ \%}{6} = 2{,}24\ \%$$ ◀

B. Le risque d'une action

Plus les cours (donc la rentabilité) sont volatiles, plus le risque est important.

La mesure du risque

La mesure du risque est réalisé grâce à l'écart-type (ou la variance) de la rentabilité.

L'écart-type mesure la dispersion des valeurs autour de la moyenne. Il mesure le **risque global** relatif à une action.

La formule

$$\text{VAR}(R) = \frac{\sum_{i=1}^{n} R_i^2}{n} - \overline{R}^2$$

- R_i = rentabilité de la période i
- n = nombre de périodes
- $\overline{R}^2$ = rentabilité moyenne au carré
- Écart-type = $\sigma = \sqrt{\text{VAR}(R)}$

L'évaluation du risque

L'écart-type permet de comparer le niveau de risque de différentes actions cotées.

Plus l'écart-type est élevé, plus le risque est important.

La décomposition du risque

Le risque global d'une action peut être décomposé en deux éléments :

Risque global = Risque de marché + Risque spécifique

Définitions

- Le **risque de marché** (ou systématique) est dû à des phénomènes tels que la conjoncture économique, l'évolution des taux d'intérêt, les risques de conflit, etc. Il est subi par l'ensemble des actions cotées sur un marché.
- Le **risque spécifique** s'explique par les caractéristiques propres à chaque société cotée : efficacité de la gestion, avance technologique, attrait spéculatif, etc.

C. La diversification des risques

La **diversification** des titres en portefeuille (avec des actions appartenant à des secteurs d'activité différents) permet d'éliminer le risque spécifique. Par conséquent, le marché ne rémunère que le risque de marché.

En diversifiant le portefeuille avec des obligations (↪ fiche 34) ou des parts de Sicav non ou moins risqués, l'investisseur diminue son niveau de risque mais aussi la rentabilité attendue.

▶ **Exemple**

M. Robin détient un portefeuille d'actions avec les caractéristiques suivantes :
– taux moyen de rentabilité : 4,8 %
– écart-type de la rentabilité : 7,9 %

Pour diversifier le portefeuille, il acquiert des obligations d'État à 1,3 % représentant 30 % du total.

La rentabilité du nouveau portefeuille

4,8 % × 0,7 + 1,3 % × 0,3 = **3,75 % (baisse de 1,05 %)**

L'écart-type de la rentabilité du nouveau portefeuille

Il n'y a pas assez d'éléments pour calculer l'écart-type mais on peut affirmer avec certitude qu'il a nettement diminué.

LE + DE L'EXPERT

Les produits financiers standard proposent un panachage de titres selon le niveau de risque souhaité.

80085 - (I) - SOP 90° - 314 - PCA - MPN

JOUVE
1, rue du Docteur Sauvé, 53100 MAYENNE
N° 2929223B
Dépôt légal : octobre 2019

Imprimé en France